A GEOMETRIA NOS PRIMEIROS ANOS ESCOLARES:
HISTÓRIA E PERSPECTIVAS ATUAIS

MARIA CÉLIA LEME DA SILVA
WAGNER RODRIGUES VALENTE
(ORGS.)

A GEOMETRIA NOS PRIMEIROS ANOS ESCOLARES:
HISTÓRIA E PERSPECTIVAS ATUAIS

Capa	Fernando Cornacchia
Imagens de capa	Exame de Admissão ao Ginásio de 1931 (Centro de Documentação do Ghemat)
Coordenação	Ana Carolina Freitas
Copidesque	Lúcia Helena Lahoz Morelli
Diagramação	DPG Editora
Revisão	Cristiane Rufeisen Scanavini, Edimara Lisboa e Isabel Petronilha Costa

Dados Internacionais de Catalogação na Publicação (CIP)
(Câmara Brasileira do Livro, SP, Brasil)

A geometria nos primeiros anos escolares: História e perspectivas atuais/Maria Célia Leme da Silva; Wagner Rodrigues Valente (orgs.). – Campinas, SP: Papirus, 2014.

Vários autores.
Bibliografia.
ISBN 978-85-308-1140-2

1. Geometria – Estudo e ensino 2. Matemática (Ensino fundamental) 3. Professores de matemática – Formação I. Silva, Maria Célia Leme da. II. Valente, Wagner Rodrigues.

14-04406   CDD-516.007

Índice para catálogo sistemático:
1. Geometria: Estudo e ensino   516.007

1ª Edição – 2014

Exceto no caso de citações, a grafia deste livro está atualizada segundo o Acordo Ortográfico da Língua Portuguesa adotado no Brasil a partir de 2009.	Proibida a reprodução total ou parcial da obra de acordo com a lei 9.610/98. Editora afiliada à Associação Brasileira dos Direitos Reprográficos (ABDR). DIREITOS RESERVADOS PARA A LÍNGUA PORTUGUESA: © M.R. Cornacchia Livraria e Editora Ltda. – Papirus Editora R. Dr. Gabriel Penteado, 253 – CEP 13041-305 – Vila João Jorge Fone/fax: (19) 3272-4500 – Campinas – São Paulo – Brasil E-mail: editora@papirus.com.br – www.papirus.com.br

SUMÁRIO

PREFÁCIO 7

INTRODUÇÃO 13

1. PRIMÓRDIOS DO ENSINO DE GEOMETRIA
   NOS ANOS INICIAIS 17
   Wagner Rodrigues Valente e Maria Célia Leme da Silva

2. A GEOMETRIA NOS GRUPOS ESCOLARES 41
   Maria Célia Leme da Silva e Wagner Rodrigues Valente

3. QUANDO A GEOMETRIA TORNOU-SE MODERNA:
   TEMPOS DO MMM 65
   Neuza Bertoni Pinto e Wagner Rodrigues Valente

4. A GEOMETRIA ESCOLAR HOJE: CONVERSAS
   COM O PROFESSOR QUE ENSINA MATEMÁTICA 83
   Paulo Figueiredo Lima e João Bosco Pitombeira de Carvalho

CONCLUSÃO
A GEOMETRIA NO ENSINO FUNDAMENTAL I:
UMA GEOMETRIA ELABORADA HISTORICAMENTE
NA ESCOLA... 129
Wagner Rodrigues Valente

REFERÊNCIAS BIBLIOGRÁFICAS... 135

PREFÁCIO

Neste início de 2014, nos meios educacionais, apresentam-se novas orientações governamentais para o ensino fundamental em relação à alfabetização matemática, por meio do programa Pacto Nacional pela Alfabetização na Idade Certa (PNAIC). Tais orientações vêm ampliar aquelas que, durante mais de 15 anos, constaram nos Parâmetros Curriculares Nacionais e constituíram-se nos principais documentos orientadores da formação do professor e das ações didáticas voltadas para a prática na escola básica, ou seja, para o ensino fundamental (Brasil 1997).[1]

Da mesma forma como os PCNs, no que concerne especificamente ao ensino de geometria, no PNAIC são considerados dois grandes objetivos a serem alcançados, quanto ao tema "espaço e forma", no ciclo de alfabetização:

---

1. Brasil (1997). Ministério da Educação. Secretaria de Educação Fundamental. *Parâmetros Curriculares Nacionais*, v. 1 e 3, 1ª a 4ª séries. Brasília: MEC/SEF.

(...) levar os alunos a construírem noções de localização e movimentação no espaço físico para a orientação espacial em diferentes situações do cotidiano e de reconhecer figuras geométricas tridimensionais e bidimensionais. De forma geral, o objetivo deste caderno é auxiliar você, professor, no trabalho com o desenvolvimento do pensamento geométrico da criança, constituído por um conjunto de componentes que envolvem processos cognitivos, como a percepção, a capacidade para trabalhar com imagens mentais, abstrações, generalizações, discriminações e classificações de figuras geométricas, entre outros. (Brasil 2014, p. 5)[2]

Cabe nos perguntarmos se, como profissionais formadores de educadores e professores de matemática, temos conhecimento de por que tais documentos usam a expressão *espaço e forma*, e não simplesmente *geometria*. Ou ainda, de por que eles nos orientam a ajudar a criança a desenvolver a percepção e a capacidade para trabalhar imagens, bem como noções de localização espacial, que são consideradas mais do âmbito da topologia do que da geometria.

Essas são duas questões muito atuais, cujas respostas podem ser encontradas nesta primorosa coletânea organizada por Maria Célia Leme da Silva e Wagner Rodrigues Valente, que a Papirus Editora aqui nos apresenta. Eles também colocam perguntas que direcionam cada um dos capítulos, redigidos com muita maestria e em linguagem simples, que permitem sua utilização nos cursos de licenciatura, tanto da formação dos professores das séries iniciais (pedagogia ou normal superior) para exercício do magistério na educação infantil e nos anos iniciais do ensino fundamental, quanto na licenciatura em matemática, para atuação nos demais ciclos do ensino básico.

Escritos por educadores matemáticos, profundos conhecedores dos temas relacionados ao ensino de geometria, os textos coletados sucedem-se, remetendo-nos inicialmente às providências iniciais tomadas a

---

2. Brasil (2014). Ministério da Educação, Secretaria de Educação Básica, Diretoria de Apoio à Gestão Educacional. *Pacto Nacional pela Alfabetização na Idade Certa: Geometria.* Brasília: MEC/SEB.

princípio quanto ao ensino de geometria para os primeiros anos escolares do ensino primário, a partir da Independência do Brasil.

No Capítulo 1, Wagner Rodrigues Valente e Maria Célia Leme da Silva buscam mapear as referências que justificaram a introdução de conteúdos geométricos nos primeiros anos escolares, bem como responder a qual geometria fizeram parte as primeiras discussões sobre sua inclusão na escola do "ler, escrever e contar", e em como tal área de conhecimento tornou-se um saber escolar para o ensino primário no Brasil.

No Capítulo 2, os mesmos autores levam-nos a refletir sobre as primeiras décadas do período republicano e destacam o modelo de organização escolar do estado de São Paulo: os chamados grupos escolares. Esse texto apresenta uma busca pelas referências que justificaram os conteúdos geométricos nos grupos escolares e mostra como a geometria tornou-se um saber escolar para essas instituições de ensino.

O Capítulo 3, escrito por Neuza Bertoni Pinto e Wagner Rodrigues Valente, leva-nos a um tema com o qual os leitores com mais idade vão se identificar e encontrar suas origens escolares, pois reflete sobre o *estruturalismo* e suas consequências para o ensino no Brasil, tratando de quando a geometria tornou-se *moderna* no *Movimento Matemática Moderna*. Considerando uma nova geometria para crianças baseada na psicologia genética de Jean Piaget e nas primeiras ideias de estrutura associadas aos conceitos matemáticos desenvolvidas por um grupo de pesquisadores matemáticos – os bourbakistas –, os autores levam-nos a refletir sobre o pensamento de educadores matemáticos como Zoltan Dienes, Claude Gaulin e Dieter Lunkenbein e sobre como estes chegaram à conclusão de que o ensino de geometria nos anos iniciais deveria começar pelas noções de topologia. Como isso veio a influenciar os livros didáticos brasileiros também é tema desse capítulo.

No Capítulo 4, Paulo Figueiredo Lima e João Bosco Pitombeira Fernandes de Carvalho apresentam-nos a geometria escolar para os dias de hoje, em conversas com o professor que ensina matemática, levando-nos a refletir sobre quais são os elementos de geometria considerados importantes para a atualidade e sobre quais referências o docente deverá ter para o ensino da disciplina. Para tanto, as reflexões envolvem quatro tipos de entes distintos, porém intrinsecamente relacionados, em domínios diferentes: objetos físicos; imagens gráficas; entidades da geometria; linguagens (verbal ou simbólica). Pensando em uma sociedade cada vez mais influenciada pela tecnologia e pelos instrumentos que levam à percepção de imagens visuais, é importante que diferentes linguagens sejam consideradas no ensino de geometria. Assim, o texto abrange diversos temas atuais e fundamentais para a formação do professor e para o ensino de geometria (modelos, imagens, dimensão, representações, desenhos, objetos físicos e geométricos, projeções em perspectiva etc.).

Na Conclusão, Wagner Rodrigues Valente faz uma síntese de como as transformações sofridas pela geometria escolar chegaram aos nossos dias, analisando quais relações ainda são mantidas com o passado e com a história de seu ensino. Para tanto, analisa como diferentes pedagogias constroem e reconstroem a geometria escolar em um dado período de sua vigência. Essa reflexão, segundo o autor, permite uma caracterização que nos leva a compreender melhor o que é ser "professor que ensina matemática" e o que é o profissional dito como "matemático". A compreensão de tal diferenciação é fundamental na formação do licenciando, para que saiba se caracterizar e se posicionar em uma categoria profissional. Assim, ao finalizar este livro, Valente coloca, com muita pertinência, que o "professor que ensina matemática não é um especialista em matemática; sua especialidade liga-se à condução dos alunos a progressivamente apropriarem-se de uma cultura transitória que dá acesso aos saberes científicos. Em suma: trata-se de um profissional especialista em matemática escolar e, para o caso analisado ao longo deste livro, um especialista em geometria escolar".

Esperamos que os cursos de formação de professores venham a considerar as reflexões que compõem este livro e a serem enriquecidos com elas, pois o amplo diálogo com as muitas vertentes pedagógicas e matemáticas apresentadas permite uma atualização do ensino da geometria escolar na alfabetização matemática do educando, com vistas a sua *geometrização*, no sentido de alcançar um *letramento matemático* ou *alfabetização diagramática*, cujo objetivo é levar o aluno a usar com eficácia diferentes linguagens (na forma de registros gráficos, imagens, desenhos, tabelas etc.), de maneira adequada na percepção da realidade a nossa volta e na resolução de problemas, como preconizavam os PCNs e agora, o PNAIC.

Ana Maria Kaleff
Laboratório de Ensino de Geometria –
Departamento de Geometria – Universidade Federal Fluminense

Niterói, abril de 2014

INTRODUÇÃO

Ensinar geometria é importante porque ela sempre ocupou um lugar de inegável destaque no desenvolvimento do conhecimento matemático. A geometria nasce nos primórdios da história e, como todos os saberes, desenvolve-se em estreita ligação com outras práticas sociais humanas. As grandes civilizações antigas possuíam muitas informações de natureza geométrica e as aplicavam para desbravar, conhecer e controlar os diversos fenômenos. Esses conhecimentos atendiam a necessidades socioeconômicas e culturais, tais como medição de propriedades rurais, construção de edificações, desenho de ornamentos etc. Não há registros históricos, no entanto, de que esses conhecimentos tivessem atingido um elevado grau de sistematização, exceto entre os gregos. Assim, eles permaneceram como saberes e procedimentos práticos pouco articulados entre si. Foi na civilização grega dos séculos 7 a.C. a 3 a.C. que, ao lado de serem utilizados os conhecimentos práticos, foram dados passos decisivos para a organização da geometria como ciência dedutiva. Esse período é caracterizado pelo início do emprego do método axiomático, que se tornaria o método científico de sistematização da matemática. De modo muito simplificado, podemos dizer que tal método consiste em adotar conceitos primitivos (conceitos não definidos, como ponto, reta e plano) e axiomas (proposições não demonstradas, como "Por dois pontos passa uma única reta"). Com base nesses elementos, por via puramente lógica, são definidos conceitos derivados (por exemplo: ângulo, quadrado etc.) e são deduzidas proposições, como o Teorema de Pitágoras.

Os conhecimentos e as competências no campo da geometria têm sido importantes ao longo da história e permanecem fundamentais em nosso dia a dia. Já nos primeiros meses de vida, as crianças iniciam-se no aprendizado dos movimentos e no reconhecimento dos objetos do espaço em seu redor. O desenvolvimento motor e cognitivo posterior vai permitir que as pessoas exercitem competências geométricas cada vez mais elaboradas de localização, de reconhecimento de deslocamentos, de representação de objetos do mundo físico, de classificação das figuras geométricas e de sistematização do conhecimento nesse campo da matemática.

Além disso, na sociedade atual, em que a ciência e as tecnologias desempenham um papel central, a formação em geometria em seus estágios mais avançados torna-se um imperativo para um contingente cada vez maior de profissionais. E sabemos que a aquisição de competências mais complexas em geometria é favorecida por uma formação escolar adequada, nos anos iniciais.

Ao aceitarmos a premissa da importância do ensino da geometria no ensino fundamental surge o desafio de conhecer a trajetória do ensino de geometria para crianças. Se o desenvolvimento histórico da geometria tem uma gama imensa de estudos já realizados, o mesmo não ocorre relativamente a seu ensino; muito menos no que diz respeito à sua presença nos primeiros anos escolares. Assim sendo, este livro destina-se ao professor que ensina matemática nos anos iniciais e, em específico, tem por finalidade estabelecer um diálogo histórico-didático-pedagógico acerca da presença e do papel da geometria desde os primeiros passos da educação matemática. Neste diálogo, os autores do livro buscam enfatizar as transformações sofridas pela geometria escolar desde os primeiros tempos de sua indicação como matéria de ensino, na primeira lei que cria escolas do ler, do escrever e do contar no Brasil (1827), percorrendo todo o século XIX. A seguir, o texto analisa os movimentos pedagógicos que buscaram modernizar o ensino da geometria na primeira metade do século XX (pedagogia intuitiva, Escola Nova), passando pelo período estruturalista da produção científica em meados do século XX (anos do Movimento da Matemática Moderna) e chegando, finalmente, aos dias atuais, com as novas propostas de desenvolvimento do pensamento geométrico da criança.

Partindo do diálogo com o passado do ensino de geometria nos primeiros anos escolares, o livro analisa como as dinâmicas de transformações dessa matéria escolar chegaram aos tempos presentes. Nessa análise, discute com o professor do ensino fundamental os elementos hoje considerados importantes e as referências didático-pedagógicas que o docente deverá ter em sua formação para o ensino de geometria. Essa discussão utiliza problemas didáticos com os quais depara o professor na sala de aula de matemática hoje. E esses problemas são tratados por meio de alguns temas considerados basilares.

Nos assuntos selecionados e, também, nos comentários presentes em cada um deles, podem ser reconhecidas várias tendências das novas orientações didáticas que surgiram e se desenvolveram em nosso país nas duas últimas décadas, em grande parte pela atuação da comunidade de educadores matemáticos, que se faz presente de múltiplas formas: programas de formação de professores, pesquisas, livros e artigos científicos. Além disso, tais tendências têm sido expressas em vários documentos oficiais elaborados nos três âmbitos do sistema educacional – federal, estadual e municipal. Destaca-se, em especial, o impacto dos Parâmetros Curriculares Nacionais (Brasil 1997, 1998) na renovação dos conteúdos matemáticos no ensino fundamental. Outro instrumento importante de difusão das novas tendências foram os livros didáticos produzidos no período. Sobre estes últimos, serão tecidas muitas das considerações acerca de seu uso, sua organização e suas orientações didático-pedagógicas.

1
PRIMÓRDIOS DO ENSINO DE GEOMETRIA NOS ANOS INICIAIS

Wagner Rodrigues Valente
Maria Célia Leme da Silva

Este primeiro capítulo do livro remete-nos às providências iniciais tomadas, quanto ao ensino de geometria, para os primeiros anos escolares, a partir da Independência do Brasil, em 1822. Em específico, buscam-se respostas à introdução dos estudos de geometria no curso primário. Que referências justificaram a introdução de conteúdos geométricos na escola de primeiras letras? Que geometria fez parte dessas primeiras discussões sobre sua inclusão na escola do ler, escrever e contar? Como a geometria tornou-se um saber escolar para o ensino primário no Brasil?

A geometria na escola primária brasileira:
Uma proposta de Condorcet

As discussões mais longínquas que se podem encontrar sobre o ensino de geometria no curso primário brasileiro remetem às primeiras décadas do século XIX. A historiadora da educação Circe Bittencourt menciona que a obra de Condorcet é adaptada no Brasil e serve como referência inicial para os primeiros debates sobre a educação nacional:

O texto educacional de Martim Francisco d'Andrada, "Memória sobre a reforma de estudos da Capitania de São Paulo", foi praticamente uma tradução adaptada da obra de Condorcet. Durante a Constituinte de 1823, a Comissão de Instrução Pública propôs que este trabalho servisse "de guia aos atuais professores e estímulo aos homens de letras para a composição de compêndios elementares, enquanto não se dá uma adequada forma à instrução pública". (Bittencourt 1993, pp. 22-23)

Essa referência trouxe a necessidade de busca dos escritos originais de Condorcet, visando encontrar orientações para o ensino de matemática e, em específico, de geometria. Encontrou-se o estudo *Cinq mémoires sur l'instruction publique*.[1] Em particular, na *Second mémoire – De l'instruction commune pour les enfants*,[2] Condorcet discorre sobre os conhecimentos que devem estar presentes no curso primário, de quatro anos. Nos estudos do segundo ano, Condorcet menciona que devem ser ensinadas as primeiras noções de geometria (Coutel e Kintzler 1989, p. 97). Continuando a leitura de suas *Mémoires*, vê-se que, para o terceiro ano de estudos da escola primária, Condorcet menciona que:

---

1. "Cinco memórias sobre a instrução pública" – Nicolas Caritat, Marquês de Condorcet (1743-1794). Matemático célebre, Condorcet tomou parte ativa na Revolução Francesa. Apresentou à Assembleia Legislativa, em nome do Comitê de Instrução Pública, um projeto de organização do ensino público. Suas propostas contêm o ideal de construção de uma escola conforme as orientações revolucionárias, cujo fim é a difusão do espírito iluminista. Em 1790, escreveu as *Mémoires sur l'instruction publique*. Em seguida, apresentou o texto ao Comitê, a partir de sua instalação, em 5 de novembro de 1791. Condorcet propôs uma hierarquia das instituições escolares. Nela, o primeiro grau seria formado por escolas primárias: uma escola para cada 400 habitantes; elas deveriam ensinar os conhecimentos necessários a todos os cidadãos (Nique e Lelièvre 1990, pp. 129-130).
2. "Segunda memória – Da instrução comum para as crianças".

Das noções de geometria, o ensino deverá caminhar para os elementos de agrimensura, que serão desenvolvidos suficientemente para colocar em prática, no terreno, o agrimensor. Isso será feito não por um método cômodo, com simplificações que não fazem parte da prática, mas por um método geral, em que todos possam dificilmente esquecer os seus princípios. De sorte que os problemas encontrados não deverão impedir o trabalho prático. As crianças serão levadas a praticar a agrimensura na prática, nos terrenos; elas igualmente deverão fazer figuras, seja com régua e compasso, seja à mão livre. (Coutel e Kintzler 1989, pp. 98-99; trad. nossa)

Por fim, no quarto ano, a proposta de Condorcet indica que os alunos deverão aperfeiçoar-se na agrimensura e que, com isso, também serão reforçados os conhecimentos aritméticos (Coutel e Kintzler 1989, p. 101).

O texto de Martim Francisco d'Andrada, por sua vez, relativamente ao ensino de geometria, aponta para a organização dos conteúdos a serem ministrados no curso primário, para os estudos do 2º ano, o ensino das "primeiras noções de geometria particularmente as que forem necessárias à medição dos terrenos" e, ainda, "exercitar o menino em traçar figuras já à mão, já com o compasso e a régua"; para os estudos do 3º ano, a proposta prevê um "aperfeiçoamento dos métodos de agrimensura, o que os fortifica no hábito da aritmética e da geometria" (Ribeiro 1945, p. 104).

Como bem se observa, a referência para discussão do ensino de geometria no curso primário brasileiro é, praticamente, uma tradução literal da proposta de Condorcet. O conteúdo desse ensino deve articular-se com a prática da agrimensura: um ensino de geometria para a prática, uma geometria prática para a primeira etapa da escolarização.

A geometria na primeira legislação do ensino primário (1827)

O primeiro fórum para discussão educacional existente a partir da Independência é o Congresso Nacional. Assim, nesse tempo distante, a análise da trajetória da presença dos ensinos de matemática nas séries iniciais das escolas brasileiras leva aos debates travados entre parlamentares na recém-constituída Casa Legislativa. Eles remetem ao ano de 1827 e estão registrados nos *Anais da Câmara e do Senado*:

(...) reunida a Legislatura, em 3 de maio de 1826, os dois primeiros meses foram fecundos em reclamações e iniciativas em prol da instrução popular. A comissão de instrução da Câmara dos Deputados, sem nenhum dado de recenseamento escolar, ofereceu à sua consideração um plano integral de estudos: escolas elementares, liceus, ginásios e academias, e cúpula do monumento, o Instituto Imperial do Brasil. Antes, em 1823, no projeto de Constituição se prescrevia: uma escola para cada termo, um ginásio para cada comarca e universidades nos mais apropriados lugares. Falhando estas grandiosas soluções para o problema da educação, a Câmara recebeu de sua comissão técnica em junho de 1827, um modesto projeto de lei criando, de acordo com a realidade do momento, escolas primárias em todas as cidades, vilas e lugares mais populosos. (Moacyr 1936, p. 180)*

No projeto, duas linhas sobre o que deveria ser ensinado no curso primário: "Os professores ensinarão a ler, escrever e contar, a gramática da língua nacional, os princípios de doutrina religiosa e de moral, proporcionados à compreensão" (*ibidem*, p. 181).

Colocado o projeto em discussão, os *Anais* registram acalorados debates entre os parlamentares. Para este texto, ressaltem-se aqueles relacionados aos ensinos de matemática. E eles são direcionados, quase que exclusivamente, para o ensino de geometria. Os *Anais* registram que o primeiro parlamentar a manifestar-se sobre os conteúdos matemáticos a serem ensinados no curso primário é o deputado Ferreira França:[3] "em

---

* As citações de obras antigas (do século XIX e da primeira metade do século XX) tiveram a ortografia atualizada a fim de permitir uma melhor compreensão ao leitor. (N.O.)

3. O médico Antônio Ferreira França (1771-1848) nasceu e morreu na Bahia, tendo lecionado até 1837 na Faculdade de Medicina as disciplinas de higiene, etiologia, patologia interna e terapêutica. Formou-se em matemática, filosofia e medicina (1798) na Universidade de Coimbra. Deu aulas de aritmética, geometria e grego. Foi médico da Santa Casa da Misericórdia, diretor do Liceu Provincial da Bahia, vereador e deputado. Não elaborou publicações. Deixou apenas um manuscrito de "preleções de geometria" e projetos e pareceres legislativos (Barros 1998, p. 436).

vez de contar, como diz o projeto, prática das principais operações de aritmética e resolução prática dos problemas de geometria elementar" (Moacyr 1936, p. 183). Logo a seguir a um aparte, França esclarece sua sugestão:

> Não quero que o mestre ensine ou aponte o que é linha reta, quero que tome o compasso, descreva um triângulo sobre uma linha; isto não custa nada e é coisa mais fácil possível. Quero que o mestre prove o que ensina, que os meninos aprendam como um carpinteiro ou pedreiro. Quero que o mestre ensine como há de dividir um triângulo retilíneo em duas partes iguais; quero que forme a sua escala e que reduza da menor à maior grandeza. (...) Aprendemos com o uso. Muita gente não passa das primeiras escolas e quando vai aprender as artes encontra grandes dificuldades, se não tem algum conhecimento da geometria, assim como da primeira conta. (*Ibidem*, pp. 183-184)

  Terminada a primeira manifestação de Ferreira França, toma a palavra outro parlamentar a objetar contra as modificações propostas, com a inclusão de conteúdos de geometria. Trata-se de Augusto Xavier de Carvalho,[4] que assim se manifesta:

> (...) o estado de atrasamento em que se acha desgraçadamente a educação no Brasil fará com que se formos a exigir de um professor do primeiro ensino, do qual depende a felicidade dos cidadãos, requisitos maiores, não tenhamos professores. Se exigirmos de um mestre de primeiras letras princípios de geometria elementar, dificultosamente se acharão; talvez apareçam muitos na Corte e nas províncias de beira-mar haja alguns; mas daí por diante haverá muito poucos ou nenhuns. Por isso eu me contentaria que os mestres soubessem as operações de aritmética maquinalmente; eu aprendi assim. (*Ibidem*, p. 184)

---

4. Augusto Xavier de Carvalho, bacharel em Ciências Jurídicas e Sociais. Deputado à 1ª Assembleia Constituinte, pela Paraíba, em 1823. Deputado à Assembleia Geral, pela Paraíba, na 1ª e na 2ª Legislaturas, respectivamente, de 8/5/1826 a 3/9/1829, e de 3/5/1830 a 6/10/1833 ("Colégio Brasileiro de Genealogia" s.d.).

Lino Coutinho,[5] outro parlamentar, apoia a inclusão de estudos de geometria, mencionada por Ferreira França: "aquele saber escrever por via de compasso e de régua, as primeiras e mais essenciais figuras da geometria" (*ibidem*, p. 186). Mais um parlamentar manifesta-se sobre o ensino de geometria:

> O Sr. Vasconcelos é pelo estudo da geometria de aplicação imediata no campo, no terreno da escola. Para que geometria gráfica? Qual a sua utilidade? "Está demonstrado que a matemática não sendo aplicada não presta utilidade senão para fazer $= a X$ e perder tempo". (*Ibidem*)

Ainda de acordo com Primitivo Moacyr, "após 30 emendas e várias sugestões e críticas da tribuna, o projeto, oferecido a oito de julho, é aprovado com modificações na sessão de 28 de julho". No que toca aos conteúdos a estarem presentes no curso primário, a lei discrimina: "Os professores ensinarão a ler, escrever, as quatro operações de aritmética, prática de quebrados, decimais e proporções, *as noções mais gerais de geometria prática*, a gramática da língua nacional" (*ibidem*, p. 189; grifo nosso).

Desse modo, nasce a lei de 15 de outubro de 1827, a primeira lei sobre a instrução no Brasil. Vê-se que, em grande medida, os debates entre os parlamentares para fixação dos conteúdos de ensino para a escola de primeiras letras atentam para as especificidades da matemática escolar. O programa que entra em pauta inicialmente – "ler, escrever e

---

5. José Lino Coutinho nasceu em Salvador, em 31 de março de 1784. Realizados os estudos de humanidades, partiu para Portugal, ingressando na Universidade de Coimbra, onde recebeu o grau. Concluído o curso médico, viajou para a França e a Inglaterra, onde aperfeiçoou seus conhecimentos. Voltando para o Brasil, fixou-se em sua terra natal, onde exerceu a clínica e tomou parte proeminente na luta pela Independência do Brasil. Nomeado membro da Junta Provincial, foi eleito, em 1821, deputado às cortes portuguesas. Depois da vitória das forças brasileiras, foi eleito deputado às duas primeiras legislaturas, fazendo-se opositor ao imperador D. Pedro I. De 1826 a 1829, foi eleito deputado geral ("Médicos Ilustres da Bahia" 2011).

contar, gramática da língua nacional, princípios de doutrina religiosa e de moral, proporcionadas à compreensão dos meninos; havia também para as meninas o coser e bordar" – sofre emendas e transforma-se em

(...) ler, escrever, as quatro operações de aritmética, prática de quebrados, decimais e proporções, as noções mais gerais de geometria prática, a gramática da língua nacional, os princípios da moral cristã e de doutrina de religião católica e apostólica romana, proporcionados à compreensão dos meninos; preferindo para o ensino da leitura a Constituição do Império e história do Brasil.

Em síntese, os parlamentares que defendem a inclusão da geometria vencem o debate e, dessa forma, a geometria é inserida no rol de saberes a compor o ensino primário.

Esse foi o primeiro programa decretado pela Assembleia Geral Legislativa (lei de 15 de outubro de 1827) e que se manteve nas escolas de ensino do município neutro (Corte) até 1854, quando se promulgou uma reforma de instrução primária e secundária na capital do Império (Moacyr 1936, p. 562).

A geometria do curso primário: Uma geometria prática

Desde Condorcet, em sua versão adaptada por Martim Francisco, a primeira referência a constituir parâmetro para a organização da escola de primeiras letras no Brasil indica que o ensino de geometria deveria ter caráter prático; um ensino que pudesse dar condições para certo exercício profissional, para a medida de terrenos, para a agrimensura. Assim, a geometria para os que iniciam a escola constitui saber específico, técnico, instrumental. Desde esse longínquo tempo, ao que tudo indica, fica caracterizada a representação de que, para a escola de primeiras letras, necessita-se de uma *geometria prática*. É nesses termos que a geometria será tratada pela lei de criação das escolas primárias. Tal lei tem como antecedente a Carta outorgada por Pedro I, em 1824, que estabelece, dentre outras coisas, a gratuidade do ensino primário. A Lei de 15 de outubro de 1827, assim, trata da criação de escolas primárias em todas as cidades e vilas com a adoção do método lancasteriano.[6]

Estabelecida essa normativa de funcionamento das escolas primárias, por certo, há iniciativas para a elaboração de textos e referências para o ensino no que ficou conhecido como escola de primeiras letras.

Do ponto de vista do ensino de geometria há que ter mais precisão sobre o significado de ensinar "as noções mais gerais de geometria prática". É necessário que haja orientação para esse ensino. Como ensinar essa *geometria prática* por meio do método mútuo/lancasteriano? E o que ensinar?

Não irá tardar para que seja publicada uma obra que intenta dar respostas a essas questões. Ela visa atender a essa organização legislativa que situa, junto do ler, escrever e contar, o ensino de uma *geometria prática*. Trata-se do livro cuja capa traz os dizeres:

> Princípios do Desenho Linear compreendendo os de Geometria Prática, pelo método do ensino mútuo, extraídos de L.B. Francoeur: dedicados aos Amigos da Instrução Elementar no Brasil, por A.F. de P. e Holanda Cavalcanti de Albuquerque. Rio de Janeiro, na Imperial Typographia de P. Plancher-Seignot, rua d'Ouvidor, n. 95, primeiro andar. 1829.[7]

---

6. Em breves termos, o método lancasteriano, monitorial ou mútuo, no contraponto aos métodos de ensino individual e simultâneo, "onde o agente de ensino é o professor, no método mútuo, é o aluno que é investido dessa função: o princípio fundamental deste método consiste (...) na reciprocidade de ensino entre os alunos, com o mais capaz servindo de professor àquele que é menos capaz, e é assim que a instrução é ao mesmo tempo simultânea, pois todos avançam gradualmente, seja qual for o número de alunos" (Lesage 1999, p. 11).
7. O livro pertence ao acervo da Fundação Biblioteca Nacional do Rio de Janeiro. O texto traduzido por Holanda Cavalcanti de Albuquerque é minuciosamente analisado pela pesquisadora Gláucia Maria Costa Trinchão (2008) no desenvolvimento de sua tese de doutorado que investiga o desenho.

Logo à segunda página da obra consta uma "Advertência" que confirma a motivação para a edição do livro:

> Este trabalho foi empreendido a fim de facilitar aos Professores Públicos a execução da Lei de 15 de outubro de 1827; as pessoas, que desejarem maiores ilustrações sobre esta matéria, poderão consultar o original, donde forão extraídos estes princípios; isto é, o Desenho Linear, por Francoeur; impresso em Paris, no ano de 1819.

O livro, como se lê no título, tem por referência Francoeur. Relativamente a esse autor, sabe-se que cabe ao francês Louis-Benjamin Francoeur[8] o pioneirismo de sistematizar os conteúdos de desenho para as escolas de ensino mútuo. A obra de Francoeur, intitulada *Dessin Linéaire et Arpentage, pour touts les écoles primaires, quel que soit le mode d'instruction qu'on y suit*,[9] com publicação em 1819, é referência para o ensino em Portugal e no Brasil, tendo sido aprovada pela Mesa Censória (Trinchão 2008, p. 88). O trabalho desse autor adota os princípios de Pestalozzi, construindo um texto elementar com base na geometria e na geometria descritiva, com vistas à capacitação de mão de obra técnica para a indústria francesa[10] (*ibidem*, p. 25).

---

8. "O matemático francês Louis-Benjamin Francoeur viveu em Paris entre 1773 e 1849, seguiu a carreira militar e acadêmica. Enquanto militar serviu ao exército e participou de várias batalhas nas campanhas francesas sob o comando de Napoleão Bonaparte, e na carreira acadêmica atuou como professor de matemática na École Polytechnique e, em seguida, no Lycée Charlemagne" (Trinchão 2008, p. 266).
9. "Desenho Linear e Agrimensura, para todas as escolas primárias, qualquer que seja o modo de instrução que seja seguido."
10. Relativamente à questão profissional, o autor francês destaca que a ciência do desenho é indispensável àqueles que trabalham na construção de prédios, a todos os pedreiros, marceneiros, carpinteiros, serralheiros, ladrilhistas, aos que trabalham com fogões, àqueles que fabricam móveis, que trabalham com as coisas da moda e do gosto, tais como os entalhadores, fundidores, douradores, relojoeiros, marmoristas, alfaiates; aos que constroem instrumentos como os ópticos, engenheiros, mecânicos, fabricantes de tintas etc. e poderia citar quase todas as profissões (Francoeur 1839, pp. IV-V).

Dez anos depois da publicação do livro de Francoeur, e tendo a obra desde o princípio constituído referência para cursos em Portugal e no Brasil, conforme se mencionou anteriormente, tem publicação o texto de Holanda Cavalcanti de Albuquerque,[11] *Princípios do desenho linear compreendendo os de geometria prática pelo método do ensino mútuo*. Digno de nota é verificar que a adaptação da obra de Francoeur é realizada por um parlamentar que, ao tempo das discussões e emendas que resultaram na lei de 1827, se manifestou, de certo modo, em desacordo com a adoção do método lancasteriano. Holanda Cavalcanti de Albuquerque assim pronunciou-se nos debates legislativos:

> Que se dê ao mestre o arbítrio de ensinar pelo sistema que julgar melhor e não se deve obrigá-lo ao método de Lancaster; a escola de ensino mútuo é diferente das outras? Inquire o Sr. Holanda Cavalcanti; que ainda pede que "as lições de primeiras letras sejam dadas somente de manhã (das 8 horas ao meio-dia); feriado na quinta-feira, não havendo dia santo, na semana; férias da véspera de Natal ao dia de Reis". (Moacyr 1936, p. 188)

A obra em português (Figura 1), adaptada do livro de Francoeur, desde o título já revela singularidades: acrescenta a expressão "geometria prática" não presente no livro do original francês.

---

11. Antônio Francisco de Paula de Holanda Cavalcanti de Albuquerque, o Visconde de Albuquerque (1797-1863), iniciou-se na carreira militar ainda criança, atingindo o posto de tenente-coronel, no qual se reformou, em novembro de 1832. Foi eleito deputado por sua província na 1ª legislatura de 1826 a 1829. Conselheiro de Estado, ocupou a pasta da Fazenda em quatro gabinetes. Nos dois primeiros períodos, enfrentou a situação crítica do estado econômico do país. Em 1846, voltou ao cargo; nesse período, reorganizou as Recebedorias das Rendas Internas, criou as da Bahia, de Pernambuco, do Maranhão, do Pará e de São Pedro do Sul, atual Rio Grande do Sul, com a atribuição de arrecadar tributos, o que até então era feito pelas alfândegas. No gabinete do Marquês de Olinda, em 1862, pela quarta e última vez, exerceu o cargo de ministro da Fazenda. Chamado para outras pastas, ocupou a da Marinha também por quatro períodos; dirigiu ainda as pastas da Guerra e do Império (Ministros de Estado da Fazenda s.d.).

PRINCIPIOS
DO
DESENHO LINEAR
COMPREHENDENDO

OS DE GEOMETRIA PRATICA,

PELO METHODO DO ENSINO MUTUO;

EXTRAHIDOS

de *L. B. Francoeur:*

DEDICADOS

AOS AMIGOS DA INSTRUCÇÃO ELEMENTAR

NO BRASIL

por Cl. J. Ao P. e Hollanda Cavalcanti d'Albuquerque

RIO DE JANEIRO,

NA IMPERIAL TYPOGRAPHIA DE P. PLANCHER-SEIGNOT,
rua d'Ouvidor, n. 95, primeiro andar

1829

Figura 1: Capa do livro adaptado de Francoeur

Além disso, apresenta atividades a serem desenvolvidas em quatro níveis (quatro classes de ensino), utilizando apenas a parte inicial da obra de Francoeur, que indica oito classes. Por certo, a adaptação visa aos quatro anos do curso primário tão somente. Nela, para a primeira classe, há itens como, por exemplo: dividir um segmento em seis partes iguais; por um ponto fora de uma reta, construir uma perpendicular à reta; construir um triângulo equilátero; dividir um ângulo em dez partes iguais. Na segunda classe, são exemplos de atividades: construir um trapézio, sendo dadas as bases e a altura; construir um paralelepípedo. Para a terceira, construir uma circunferência, sendo dados o centro e o raio; circunscrever um quadrado num círculo dado; inscrever um octógono regular num círculo. Por fim, na quarta classe, há atividades como: construir um transferidor, construir uma elipse etc.

Ao contrário do que se possa imaginar, pelos exemplos de atividades mencionados, elas não são propostas para o exercício de construções geométricas, com régua, compasso, esquadro entre outros instrumentos. As atividades devem ser realizadas pelo desenho. Explicando melhor: os alunos são levados a desenhar, à mão livre, as figuras geométricas, com a máxima precisão possível. Desse modo, a partir do treino em traçar uma linha reta, caminha o aluno para o traçado de ângulos, de polígonos, de sólidos geométricos à mão livre. Instados a comparar medidas visualmente, os alunos desenham as figuras. Depois, ao professor (o monitor, no caso do método mútuo) cabe a verificação da precisão dos desenhos, por meio do uso dos instrumentos de medida (régua, compasso, transferidor etc.). Ao aluno cabem o exercício e o treino do olhar e sua transferência precisa ao traçado das figuras geométricas:

> Convém, especialmente, que o discípulo se familiarize com as medidas métricas lineares e de capacidade; o olho deve-lhe ser um regulador tão certo, como se ele servisse de um metro: basta de habilitá-lo a isso, para que o sentido da vista lhe seja um guia quase infalível. (Albuquerque 1829, p. 6)

O trecho a seguir exemplifica uma das atividades adaptadas por Albuquerque, na qual se observa a construção de retas paralelas sem instrumentos. Essas tarefas constituem, muito provavelmente, os primeiros exercícios de geometria propostos aos alunos da escola de primeiras letras. Observa-se, também, que o livro todo se apresenta como uma sequência de textos com instruções de construções a serem feitos pelos alunos. Para ilustrar, transcreve-se o problema de número 23:

23. *Por um ponto conduzir a reta paralela de outra*, fig. 6 [na Figura 2]. Tendo tirado uma reta, o discípulo marcará um ponto qualquer fora dela: muito convirá fazer variar a posição. Por este ponto conduzirá uma reta paralela à primeira, isto é, cujos extremos fiquem igualmente distantes dos da outra linha, sendo esta igual à primeira. Veja-se o problema 19.

Quando o Decurião quiser servir-se do esquadro, aplicá-lo-á sobre a tábua fazendo coincidir um dos lados deste triângulo com a linha, que ele tiver traçado. Depois encostando sua régua a um dos outros lados do triângulo, apoiará a mão esquerda sobre ela para a ter fixa, e fará escorregar o esquadro ao longo desta régua: parando em fim o esquadro, quando lhe parecer. A linha que traçar sobre o lado que coincidir com a primeira será paralela a esta. O Decurião no princípio dificultosamente fixa a régua, mas pode ser ajudado por um discípulo, que a terá imóvel, enquanto ele fará escorregar o esquadro, e traçará a paralela.

Este processo sendo de muito uso nas artes importa que se faça bem conhecer; convém notar, que o Decurião é quem unicamente tem direito de servir-se dos instrumentos. Mas os discípulos, que os veem sendo empregados, aprendem o seu uso sem preceitos, e habilitam-se a servir-se deles, e a ser Decuriões, não fica estacionária, e que eles assim adquirem uma útil lição. Esta observação tem lugar em todas as correções, onde o uso do compasso, e do semicírculo, for necessário. (*Ibidem*, pp. 24-25)

Atente-se que as figuras, as representações dos desenhos a serem traçados, encontram-se ao final do livro, nas últimas páginas (Figura 2). Os desenhos apresentados são tão precisos que chegam a dar a impressão, ao leitor desatento, que foram feitos com instrumentos; no entanto, trata-se de construções à mão livre.

Traduzida e adaptada para atender à lei de 1827, a obra de Holanda Cavalcanti, em boa medida, revela um manual de desenho, no qual os alunos são ensinados a treinar o olhar na avaliação de medidas, espaços e formas, traçando à mão livre elementos geométricos. Tudo leva a crer que se busca no manual de desenho um modelo para o ensino da geometria prática, tendo em vista que a proposta para o ensino do desenho apoia-se nas construções de figuras geométricas.

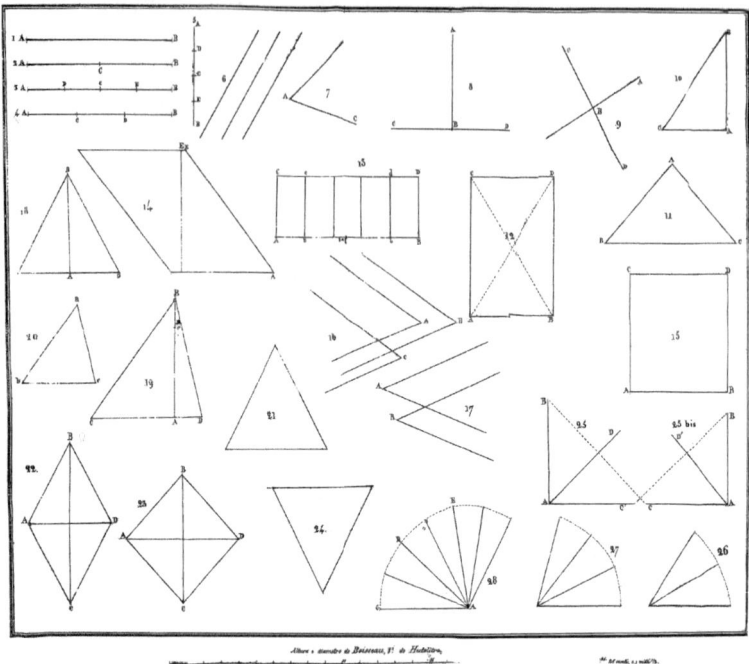

Figura 2: Exemplos de construções à mão livre

Revolução Francesa, Condorcet e a primeira geometria do ensino primário

Calcado no Iluminismo francês, chegam ao Brasil os ventos da Revolução, trazendo as primeiras referências para os debates sobre a instrução pública. Na tradução das *Memórias de Condorcet*, Martim Francisco expõe a primeira forma de como deve ser pensada e ensinada a geometria para o curso primário no Brasil: uma geometria prática. Deverá ela ser vista como útil às lides da agrimensura, da medida de terras. Ela é pensada por Condorcet, por certo, como elemento de sistematização do saber a ser utilizado nos campos, por aqueles que a Revolução acabara de libertar.

Em meio aos debates parlamentares, sedimenta-se a importância de incluir a geometria na tríade do "ler, escrever e contar". Serão os deputados com formação matemática – médicos e militares, sobretudo –, como é possível ler nas notas biográficas, aqueles que mais ativamente defendem a inclusão desse saber elementar no curso primário. Mas ela terá que ter, também, caráter prático: "as noções mais gerais da geometria prática".

A análise do livro de Holanda Cavalcanti – uma das primeiras, se não a primeira obra a interpretar a demanda legislativa de uma geometria prática para o ensino primário – mostra que a geometria será prática se os alunos forem levados a trabalhar com as figuras geométricas. O exercício do olhar, na avaliação de medidas e formas, deve conduzir os exercícios à mão livre das figuras da geometria. Associar a esse ensino de geometria, a agrimensura, a medição de terrenos, como é intenção inicial, desde Condorcet, parece ter sido deixado de lado. O caráter prático é dado pelas construções de linhas, de ângulos, de figuras e, mesmo, de desenhos em perspectiva de sólidos geométricos. A representação do caráter prático migra, ao que parece, de atividades rurais – como a medição de terrenos – para as profissões que têm lugar nas vilas e cidades francesas ao tempo da escrita da obra de Francoeur. E mais: a forma prática dessa geometria deverá ser demonstrada no âmbito escolar: a atividade dos alunos com o desenho das formas geométricas. Não mais o campo, o terreno, como lugar de ação dos alunos é prova do caráter prático. Assim, nesses tempos iniciais, logo ficam à mostra as transformações de significado da geometria prática. Nasce, desse modo, uma geometria escolar. De qualquer forma, nesses dois primeiros momentos, a justificativa para os ensinos das "primeiras noções de geometria prática" liga-se a bases a serem adquiridas na escola, para o exercício de ofícios profissionais: seja na agrimensura, seja no trabalho com o desenho, presente, como menciona Francoeur, numa ampla gama de atividades do mundo do trabalho. Outros tempos virão, a seguir, com o crescimento da produção e da circulação de livros didáticos para o curso primário.

Livros didáticos para o curso primário: A organização de uma geometria escolar

Longa vida terá a referência estabelecida em lei, a partir da Corte, para os conteúdos de ensino das escolas primárias. Assim, perdura por muito tempo o discurso de que a geometria que cabe ensinar no curso primário deve ser uma geometria prática.

Em termos oficiais, a vigência da lei de 15 de outubro de 1827, que estabelece o ensino das "noções mais gerais de geometria prática", vigora até 1854. Na busca por textos que atestam como se desenvolvem as referências para o ensino de geometria no curso primário, cabe atentar para os materiais considerados imprescindíveis para a escola de primeiras letras: as cartilhas. No rastro deixado pelas cartilhas utilizadas nas primeiras décadas do Império, é possível ter mais informações sobre a circulação de obras para outros temas de ensino. As cartilhas, até meados do século XIX, têm origem e publicação portuguesas. Em vários estudos sobre o tema, historiadores da educação apontam a importância das obras de Monteverde, autor que teve circulação em diferentes províncias brasileiras (Corrêa 2005).

Emilio Achilles Monteverde é comendador da Ordem de Cristo, membro integrante do Conselho de Sua Majestade, cavaleiro da Torre da Espada e homem muito influente. Dentre suas atividades intelectuais, cite-se a tradução de várias obras do francês para o português. Monteverde, ainda, é autor de um *Resumo da História de Portugal* para uso das crianças que frequentam a escola e de uma brochura intitulada *Mimo à infância ou manual de história sagrada para uso das crianças*. De outra parte, sua projeção como um dos intelectuais mais conhecidos do meio escolar dá-se pela escrita de dois de seus compêndios: o *Methodo facilimo para aprender a ler tanto a letra redonda como a manuscripta no mais curto espaço de tempo possível* e o *Manual encyclopedico para uso das escolas de instrucção primaria*, ambos aprovados pelo Conselho Superior da Instrução Pública e publicados em sucessivas edições pela Imprensa Nacional, em Lisboa (Boto 2005, pp. 12-13). Importa, para este texto, o estudo do *Manual enciclopédico*.

Figura 3: Capa do *Manual enciclopédico* de Monteverde – 11ª edição de 1879

Na análise da historiadora da educação Carlota Boto, constam muitos dados sobre a obra e, também, uma caracterização do *Manual*:

O *Manual enciclopédico* é um compêndio que, lançado em 1838, pôde perfazer em suas cinco primeiras edições um conjunto de 44.000 exemplares vendidos. Houve em 1855 uma outra edição, de 30.000 exemplares. Em 1865 e em 1870 – em suas 8ª e 9ª edições – eram lançados respectivamente 40.000 e, depois, 42.000 exemplares. Tratava-se de um livro atraente, pelo zelo e capricho da impressão, com detalhes elegantes no dourado que enfeitava a capa. Pretendia, pela disposição do próprio suporte material que se traduzia no impresso, tornar agradável a leitura dos inúmeros assuntos abordados nas várias matérias de estudo de que se ocupava. O *Manual* é um texto pequenino, para caber nas mãos de uma criança; mas extenso tanto na dimensão (700 páginas) quanto no conjunto de temas nele desenvolvidos. Parece desejar, no íntimo, cativar o coração, a atenção e, até mesmo, a confiança do professor primário, indicando para ele tudo o que deveria ser dito, na escola, à meninice. Ao folheá-lo, professores primários, ainda hoje, podem ter a impressão de que estão lá contidas muitas das matérias que compõem o repertório do ensino elementar. Ele é útil, pois; ele é prático. Ensina as operações aritméticas, os números decimais, as frações; ensina, pela gramática, as regras básicas da ortografia e da sintaxe; procura explicar temas selecionados da História de Portugal; elementos de Geografia e das ciências físicas e naturais. Traz, principalmente – como conteúdo essencial do processo de ensino que propunha dirigir –, noções básicas de civilidade, de comportamento público e de urbanidade. Enfim o referido compêndio não esconde seu intuito de produzir, ali, um guia para que o professor bem ensinasse a ler, a escrever, a contar e a se comportar. (*Ibidem*, p. 12)

Em meio a todas as matérias contidas no *Manual*, está presente também a geometria. Ela ocupa singelas 12 páginas, dentre as centenas de outras da obra. No livro, esse conteúdo é denominado "Definições geométricas". O que é digno de nota, relativamente ao modo de apresentar essa rubrica escolar, é que junto das definições (de geometria, axioma, teorema, corolário etc.) há sempre menção às "aplicações". Vejam-se alguns exemplos abaixo colocados entre as páginas 226 e 238 da obra:

Extensão – É o espaço que ocupa qualquer corpo que se nos apresenta à vista.
Aplicação – Se se puser, por exemplo, um livro sobre uma mesa, todo o lugar que nela ocupar será a sua extensão.
Corpo sólido ou volume – É tudo o que ocupa um lugar no espaço, isto é, a extensão em três dimensões: comprimento, largura e altura.
Aplicação – Uma caixa, uma cômoda etc. contém três dimensões: comprimento, largura e altura.
Superfície – É a extensão considerada com duas dimensões: comprimento e largura.

Aplicação – Se quisermos medir um campo, por exemplo, consideramos unicamente as duas dimensões: comprimento e largura. A superfície pode ser plana ou curva.

Linha reta ou simplesmente *reta* – É a que tem todos os seus pontos na mesma direção: ela mede a distância mais curta de um ponto a outro.

Aplicação – As linhas retas empregam-se em quase todos os ofícios etc. Para traçar uma reta sobre uma folha de papel, usa-se de uma régua e um lápis, ou em lugar deste, de uma pena e tinta, ou de um tira-linhas. Marcam-se dois pontos distantes um do outro, na direção em que se quer levar a linha; e colocando uma régua que coincida com estes dois pontos, corre-se por ela a pena ou o tira-linhas. Para traçar uma reta sobre uma parede ou um sobrado, por exemplo, toma-se uma corda a que se tenha aplicado carvão, gesso ou outra matéria colorante; fixam-se os seus extremos, entesando a mesma corda: levanta-se depois pelo meio, e deixando cair, ficará marcada a reta que se pretender. Se se quiser traçar uma reta sobre um terreno, tomem-se umas estacadas bem direitas, aguçadas numa das suas extremidades; crave-se uma em cada extremo da reta, e coloquem-se depois outras entre aquelas, de tal modo que se olhando de um dos extremos, se não distinga nenhuma das outras, à exceção da que se lhe seguir. As estacas assim colocadas formarão a linha reta. (Monteverde 1879, pp. 226-228)

Assim, em boa parte das "Definições geométricas", Monteverde ajunta considerações ilustrativas sobre a caracterização dos elementos geométricos, denominando-as de "aplicações". Seguindo essas primeiras definições geométricas, o autor privilegia a nomenclatura dos polígonos e poliedros, usando o mesmo expediente de mencionar as "aplicações", como mostra a figura abaixo, considerada como a 34ª definição, das 36 contidas no *Manual*.

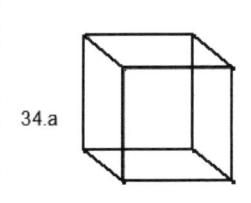

34.a

Cubo – é o paralelepípedo cujas bases e faces são todas quadradas, como um dado; daí o nome de cúbico, fig. 34.a.
Aplicação – o *metro cúbico* exprime *um cubo* que tem de lado *um metro*. Assim, quando se diz que um corpo contém, por exemplo, 5 *metros cúbicos*, entende-se que ocupa tanto espaço como o que encheriam 5 *cubos*, cada um dos quais tivesse um *metro* de lado.

São pouquíssimas as páginas do *Manual* de Monteverde destinadas à geometria, como se mencionou. Mas é preciso relativizar o fato: trata-se de um *Manual enciclopédico*. Há toda a sorte de temas e conteúdos presentes nas centenas de páginas da obra. Para além da quantidade pequena de páginas referidas aos conteúdos geométricos, note-se a circulação do texto em terras brasileiras. E mais: a constante referência às aplicações leva a considerar as transformações de significado da "geometria prática".

Para além do *Manual* de Monteverde, saem à luz, nas últimas décadas do século XIX, muitos livros didáticos específicos para o ensino de matemática no curso primário. Em especial livros de aritmética. Um exemplo importante é o de Souza Lobo, com sua *Primeira aritmética para meninos*. A obra alcança dezenas e dezenas de edições. Seu texto é publicado em 1874, atravessa o século XIX e chega às primeiras décadas do século passado.[12]

Os textos de Souza Lobo tiveram grande aceitação, até época relativamente recente. Em menos de nove anos, a partir de sua publicação, sua *Primeira aritmética para meninos* completou nove edições, totalizando 400 mil exemplares impressos. O conteúdo da *Primeira aritmética*, adotada tanto no Rio Grande do Sul como em outras regiões do país, abrangia tabuadas, números inteiros, frações decimais, sistema

---

12. A propósito de Souza Lobo, o pesquisador Luiz Carlos Pais considera que a rede de sociabilidade em que esse autor está envolvido em muito contribui para o sucesso de suas obras didáticas. Ela pode ser lida em traços de sua biografia. José Theodoro de Souza Lobo nasceu em Porto Alegre, em 7 de janeiro de 1846, e faleceu na mesma cidade, em 9 de agosto de 1913. Foi professor de matemática da Escola Normal de Porto Alegre, escritor de obras literárias, inspetor da instrução pública e também proprietário de um colégio. Estudou na Escola Central do Rio de Janeiro, instituição que precedeu à criação da Escola Politécnica, onde recebeu o diploma de engenheiro geógrafo. Seus interesses intelectuais não estavam restritos ao campo das ciências exatas. Desde os seus tempos de estudante esteve envolvido em atividades literárias, escreveu artigos para revistas e participou de projetos culturais em parceria com outros intelectuais gaúchos. Foi membro da Academia Rio-grandense de Letras e colaborador da revista *Partenon Literário*, na qual publicou artigos em 1869 (Pais 2010).

métrico decimal, divisores dos números, frações ordinárias, metrologia, método de redução à unidade e definições de geometria. Outro livro de Souza Lobo, a *Segunda aritmética*, conheceu 28 edições até 1930. Cada capítulo das obras mencionadas abrangia um texto explicativo, exemplos, questionário, exercícios e problemas (Pfromm Neto 1974).

Figura 4: Páginas da capa da *Primeira aritmética para meninos*, de 1935

De modo semelhante ao *Manual* de Monteverde o tratamento da geometria é feito partindo dos considerados primeiros passos dessa matéria de ensino: os elementos de base, as definições. Souza Lobo usa, praticamente, o mesmo título que Monteverde; assim, em seu livro didático, o último capítulo da obra é destinado às "Definições de geometria". Nele, estão a caracterização de "ponto", "reta", "ângulos", "triângulos", "quadriláteros" e o estudo breve das figuras geométricas, como o extrato de uma das páginas:

> Corpo é tudo o que tem comprimento, largura e grossura ou profundidade.
> Superfície é o limite dos corpos, isto é, a extensão considerada somente em comprimento e largura.
> Linha é a intersecção de duas superfícies, isto é, a extensão considerada somente em comprimento.
> Ponto é a intersecção de duas linhas.
> As linhas dividem-se em *retas*, *curvas*, *quebradas* e *mistas*. (Souza Lobo 1935, p. 7)

A trajetória de constituição da geometria como um ensino escolar, a ser ministrado no curso primário, pode ser lida, ao longo do século XIX. Num primeiro momento, ganha importância a relação direta do ensino escolar com as práticas vistas como importantes para o meio social. Com a influência de Condorcet, o papel da geometria no ensino primário liga-se, quase que sem intermediação, à necessidade da agrimensura. Neste caso, este saber retoma a sua origem inicial: a geometria como medição de terras. Um saber profissional presente nos ensinos dos primeiros anos escolares. E, a partir desse ponto, fica construída a representação da necessidade de uma *geometria prática*. Essa representação, no entanto, mudará de significado ao longo do tempo. Nas lides escolares brasileiras, a presença da geometria prática, ganhando forma de lei, se transformará no *desenho linear*. Esse conteúdo de ensino passa, também, a ser mencionado como uma geometria prática. No entanto, essa prática irá referir-se ao aprendizado da construção de linhas à mão livre. Uma prática de adestramento do olhar, rumo à precisão dos traçados. Na expansão do ensino primário e das casas de edição de livros didáticos, sobressai a referência do *Manual* de Monteverde. Esse *Manual*, ao que parece, irá referenciar o que deverá ser considerado o mínimo de cada saber a ser ensinado nos primeiros anos escolares. E esse mínimo, para a geometria, aponta para os seus primeiros elementos: a caracterização e a nomenclatura dos objetos geométricos. O *Manual* parece fazer escola para outros livros. Às aritméticas, agrega-se a geometria considerada mínima para o curso primário: os seus primeiros elementos, as suas primeiras definições. A representação de uma *geometria prática* fica mais distante. Mas, ainda, tem referência nas possíveis aplicações dos primeiros elementos do saber geométrico.

Em finais do século XIX, de modo vigoroso, irrompe uma nova pedagogia. Trata-se das *lições de coisas*. Sob a égide dessa nova forma de conceber o ensino e o aprendizado, a geometria para os primeiros anos escolares sofrerá transformações. Esse é o tema do próximo capítulo.

2
A GEOMETRIA NOS GRUPOS ESCOLARES

Maria Célia Leme da Silva
Wagner Rodrigues Valente

Este capítulo remete-nos às primeiras décadas do período republicano e destaca o modelo de organização escolar criado pelo estado de São Paulo: os chamados grupos escolares. Em específico, busca respostas acerca dos estudos de geometria para essa nova forma escolar para o ensino primário. Que referências justificaram os conteúdos geométricos nos grupos escolares? Como a geometria tornou-se um saber escolar para os grupos escolares?

A geometria escolar nos grupos escolares:
A referência de Rui Barbosa

O período denominado de Primeira República ou República Velha, que compreende de 1890 a 1930, é significativo para a organização e a consolidação do ensino primário. A escola de primeiras letras do Império cede lugar a uma nova estruturação da instrução pública: os grupos escolares. Trata-se de um modelo inovador criado no estado de São Paulo, bem ilustrado por Dino Bueno:

> Uma nova fase de luz e progresso abriu-se para o ensino com essa instituição, cujos brilhantes resultados se têm acentuado de modo notável. (...) A reunião de escolas num só edifício apropriado, com os alunos convenientemente divididos em classes, cada uma dessas sob a regência de um professor, em aposentos abertos à luz, dispondo de todos os meios materiais precisos ao ensino, sob uma direção inteligente, atenciosa e competente, é o ideal da escola pública.
> (Dino da Costa Bueno, secretário do Interior do estado de São Paulo, Relatório de 1897, *apud* Souza 2009, p. 27)

Em face do processo de consolidação de São Paulo como centro econômico do país, a expansão cultural e especificamente escolar do estado caminha a passos largos nos primeiros anos do regime republicano. A criação da Escola Politécnica, da Biblioteca Pública, do Mackenzie, do Instituto Butantã, da Escola de Farmácia, da Escola Superior de Agricultura de Piracicaba, da Faculdade de Medicina e dos primeiros ginásios testemunha essa expansão (Tanuri 1979).

Em relação ao ensino primário, os programas elaborados e prescritos para a nova proposta educacional – os grupos escolares – mostram-se cada vez mais detalhados e atentos para a normatização das rotinas escolares. O detalhamento do conteúdo a ser ensinado em cada matéria e em cada série considera a lógica assentada na homogeneidade e na simultaneidade dos ritmos de aprendizagens dos alunos (Souza 2009).

É preciso lembrar que os grupos escolares representam o embrião do que hoje chamamos de 1º ciclo do ensino fundamental. Somente a partir dessa organização é que os alunos são divididos por idade em cada classe sob a responsabilidade de um professor.

Ao tecer considerações sobre o programa proposto aos grupos escolares de São Paulo, a historiadora Rosa Fátima de Souza julga-o ambicioso e impraticável, ao constatar que "já na virada do século XX, relatórios de inspetores e diretores de grupos escolares do estado de

São Paulo davam a conhecer as dificuldades do cumprimento integral do programa de ensino" (2009, p. 12). Entretanto, apesar das críticas e ressalvas à sua adoção, o modelo é considerado um dos indicadores da modernização educacional paulista e torna-se referência para outras regiões do país:

No início do século XX, governos e responsáveis pela educação em vários estados brasileiros viam o sistema público implantado em São Paulo como uma referência, um sistema modelar a ser adotado, com ou sem reparos, nas mais diferentes regiões do país. O prestígio irradiado pelas iniciativas implementadas no início da República sobrepujava, no imaginário das elites políticas e intelectuais, os inúmeros problemas existentes no aparelho escolar de São Paulo. A força dessa representação, ainda pouco explorada na historiografia da educação brasileira, ancorava-se nos ideais liberais de educação, na crença no poder da escola e no modo de conceber o desenvolvimento regional e nacional atrelado à modernização educacional. (*Ibidem*, p. 69)

É nesse contexto de grandes mudanças do ensino primário, tanto do ponto de vista estrutural, como do metodológico, que recai, neste texto, a análise sobre a geometria escolar. Qual é a geometria proposta para o novo curso primário dos grupos escolares?

Um dos documentos que certamente influenciaram a proposta educacional desenvolvida pelos republicanos é o *Parecer de Rui Barbosa*.[1] Nele, o *método intuitivo* é exaltado como o elemento mais importante de novas propostas educacionais. As chamadas *lições de coisas*[2] constituem a indicação metodológica proposta por Rui Barbosa

---

1. Rui Barbosa apresentou ao parlamento brasileiro dois pareceres em 1882: um sobre a reforma do ensino primário e outro sobre o ensino secundário e superior. O parecer sobre o ensino primário, intitulado "Reforma do ensino primário e várias instituições complementares da instrução pública", refere-se à reforma de ensino primário assinada pelo ministro Leôncio de Carvalho, em 1879 (Souza 2009, p. 75).
2. O termo foi popularizado pela Mme. Pape-Carpentier e empregado oficialmente durante suas conferências proferidas aos professores presentes na Exposição Universal

para o ensino das ciências e teve a finalidade de extirpar a pedagogia retórica com base em nomes, datas, definições, preceitos. Ao contrário, pressupôs o contato com os objetos e a observação (Souza 2009).

Em relação à *geometria*, a proposta de Rui Barbosa destacava:

> É por meio de modelos materiais, de construções gráficas, que há de ter entrada na escola o curso sempre concreto, intuitivo, figurado dos elementos desta ciência. Começando por discernir ao aspecto as formas geométricas mais elementares, o sistema froebeliano adestrar utilmente o menino em reproduzi-las por meio de papelão, do papel, da terra plástica, ou do arame. Por uma graduada sucessão de passos, esta parte do programa, dominado e encaminhado sempre pelo mesmo espírito é susceptível do mais amplo desenvolvimento. (Barbosa 1947, pp. 289-290)

Outro ponto a considerar sobre a *geometria* é a introdução da *taquimetria*, definida por Rui Barbosa como "*concretização* da geometria, é o ensino da geometria pela evidência material, a acomodação da geometria às inteligências mais rudimentares: é a *lição de coisas* aplicada à medida das extensões e volumes" (*ibidem*, p. 290).

---

de Paris, em 1867. Pestalozzi também é apontado como referência em lições de coisas, pelo fato de ter captado os pontos essenciais da renovação pedagógica que as lições preconizavam – "as coisas antes das palavras, a educação pelas coisas e não a educação pelas palavras". Despertar e aguçar o sentido da observação, em todas as idades, em todos os graus de ensino, colocar a criança na presença das coisas, fazê-la ver, tocar, distinguir, medir, comparar, nomear, enfim, conhecê-las, esse é o objetivo das lições de coisas no ensino primário e nos jardins de infância, cuja aplicação pode ser feita por meio de dois sistemas: como um exercício à parte ou uma lição distinta, tendo uma hora reservada para aplicação dentro do programa de ensino ou aplicada em todas as disciplinas escolares, inserida em todo programa de ensino. Sua difusão no final do século XIX gerou a produção de um grande número de manuais escolares para o ensino das lições de coisas; dentre eles podemos citar: *Primeiras lições de coisas*, de Norman Allison Calkins, publicado originalmente nos Estados Unidos, em 1861, e traduzido por Rui Barbosa, em 1886. [Disponível na internet: http://www.histedbr.fae.unicamp.br/navegando/glossario/verb_c_licoes_das_coisas. htm – Glossário, acesso em 26/1/2012.]

A elaboração do programa de ensino para atender às novas aspirações dos republicanos paulistas ficou a cargo de Oscar Thompson, Benedito Tolosa e Antonio Rodrigues Alves.[3] Ele é oficializado pelo decreto 248 de 26 de junho de 1894.[4] No programa, a geometria constitui-se como uma matéria autônoma. Não mais se apresenta secundada pelo adjetivo "prática", evidenciado na legislação anterior, e está colocada ao lado da aritmética, do desenho, da modelagem e dos trabalhos manuais – todas essas rubricas escolares com proximidade à matéria geometria. Encontram-se, por exemplo, na matéria de desenho, figuras geométricas planas desde triângulos até octógonos; na de modelagem, "exercícios em barro úmido em forma de esfera, cubo e cilindro"; nos trabalhos manuais são propostas atividades como "cortar com a tesoura o quadrado em dois triângulos; em quatro triângulos".

É preciso reconhecer que, em particular, a matéria denominada desenho configura-se como muito próxima da geometria, podendo-se dizer que são matérias associadas, uma em apoio à outra. Fora isso, o programa de 1894 inicia, no 1º ano, com o desenho – a geometria sendo proposta somente a partir do 2º ano. Conteúdos como "pontos em cima, em baixo, lado esquerdo, direito, divisão de linhas, ângulos, círculo, quadrado e oblongo", entre outros, estão presentes no 1º ano de desenho. No 2º ano, os assuntos são quase idênticos; tanto no desenho como na geometria, encontram-se "triângulos retângulo, isósceles, equilátero, quadriláteros e suas construções, quadrados".

Em síntese, a geometria apresentada no programa inovador para os grupos escolares é desenvolvida do 2º ao 4º ano primário, compreendendo uma lista extensa de conteúdos,[5] partindo da geometria plana e chegando

---

3. Oscar Thompson e Benedito Maria Tolosa atuavam como professores na Escola Modelo, anexa à Escola Normal, e Antonio Rodrigues Alves era inspetor de ensino (Souza 2009, p. 83).
4. O decreto 248 de 26 de julho de 1894 aprova o regimento interno das escolas públicas. Ele foi assinado por Bernardino de Campos, presidente do estado de São Paulo.
5. A geometria começa a partir do 2º ano primário e apresenta os conteúdos distribuídos por ano. 2º ano: Linhas, superfícies, sólidos; posições das linhas,

à geometria espacial no 4º e último ano do curso primário. No 3º ano, aparece menção ao uso do transferidor e da régua para a construção de retas perpendiculares e paralelas, e do esquadro e da régua para a construção de triângulos isósceles, equiláteros e retângulos. Pode-se dizer que, em relação ao rol de conteúdos, a proposta englobava as principais formas de figuras geométricas planas e espaciais, com ênfase no estudo no plano, assim como a parte métrica de medidas como comprimento, área e volume.

No ano de 1895, Tolosa – um dos autores do programa de 1894 – publicou na revista *A Eschola Publica* artigo intitulado "Primeiras lições de desenho", em que sugeria exercícios a serem desenvolvidos com os alunos. Tolosa esclarecia que o desenho é um apoio importante para a geometria e um auxiliar poderoso à observação. Nos dizeres de seu texto, "estas primeiras lições de desenho são um recurso fecundo para os inícios da Geometria, e (...) nem pensem que a razão não aproveita também do Desenho" (1895, p. 159).

Tolosa comenta os conteúdos do 1º ano, sugerindo lições para cada um deles, como linhas paralelas, perpendiculares, ângulos retos. A primeira figura a ser desenhada é o triângulo; antes de enunciar a lição, Tolosa aconselha os professores a não se preocuparem com as definições, dado que isso circunscreve o domínio da geometria. Assim, cabe tão somente conhecer os elementos de cada figura, saber nomeá-las, sem invadir o domínio da ciência geométrica, que deve ser ensinada por processos mais rigorosos. Uma das lições propostas trata do desenho das perpendiculares:

ângulos, triângulos, quadriláteros, polígonos, círculos, circunferências, elipse, oval, espiral, prisma triangular. 3º ano: Comprimento, superfície, distância, construção de perpendiculares e paralelas, construção de triângulos isósceles, equilátero e retângulo, quadriláteros, construção de quadrados e retângulos, circunferência. 4º ano: Paralelogramos, superfície do triângulo e dos polígonos, perímetros, cálculo da circunferência e superfície do círculo, volume do cubo, prisma, pirâmide, cilindro e esfera. O programa completo pode ser obtido em Valente (2010).

6º exercício: – Faça no quadro negro desenhos representando linhas perpendiculares. Ensine que uma linha isolada não pode ser perpendicular e que a linha perpendicular nem sempre é vertical.

Depois de ilustrar a diferença da linha reta vertical, para com a linha reta perpendicular, faça-os compreenderem que a linha perpendicular é uma linha reta que não pende nem dum lado e nem doutro da linha com que se encontra. Pode e deve fazer essa verificação com um esquadro ou, na falta deste, com um papel dobrado duas vezes sobre si mesmo, mas de modo que as dobras fiquem em ângulo reto. Para desenhar perpendiculares faça os diagramas seguintes:

. . . .
. . . . .

que apresentará os desenhos:

L ⌐ > T

Depois dirá:

Linhas que se encontram de modo a formarem um canto quadrado chamam-se *linhas perpendiculares entre si*.

Será conveniente repetir cuidadosamente o exercício para a compreensão da relação perpendicular das linhas, em razão de sua alta importância em todo o curso de desenho.

A noção de linhas paralelas pode ser ilustrada com os primeiros exercícios de linhas retas horizontais, verticais e oblíquas.

Essa noção será dada às crianças, fazendo-as compreenderem que linhas paralelas são as que têm a mesma direção e têm igual distância entre todos os pontos.

Não se o diga somente: meçam-se as distâncias das linhas paralelas em todos os pontos, a fim de que a vista auxilie o espírito infantil na concepção da ideia. (Tolosa 1895, pp. 155-156)

Essas são as lições de Tolosa, muito provavelmente destinadas aos 1º e 2º anos do curso primário: todos os desenhos feitos à mão livre e baseados na observação e na repetição. Fica evidente que a proposta para o ensino de desenho apoia-se nas figuras geométricas, sem, no entanto, fazer-se uso de instrumentos de construção.

Em verdade, a aproximação entre geometria e desenho está presente em obras do final do Império, como um livro de grande circulação intitulado *Desenho linear ou elementos de geometria prática popular*, do Dr. Abílio Cesar Borges,[6] Barão de Macaúbas. Após o título, consta: "Obra aprovada para as escolas primárias do Distrito Federal e de vários Estados". Foi possível encontrar edições da obra até 1960, em sua 42ª edição, de acordo com dados de capa do livro, informados pela Livraria Francisco Alves.

No prólogo da segunda edição, de 1882, Borges explica que se trata de redução de obra mais extensa. Nas palavras do autor, é possível ler: "resolvi dar o título de Primeira Parte a um extrato da obra exclusivamente apropriado às escolas primárias de todos os graus, o qual, pelo seu preço ínfimo, pudesse facilmente penetrar até nas escolas mais longínquas e menos favorecidas aldeias".

O livro traz uma longa defesa da importância do desenho para os cursos primários. Essa matéria é considerada uma língua, língua da forma, com somente duas letras – linhas retas e linhas curvas – que se combinam do mesmo modo que o alfabeto nas palavras. No texto, Borges apresenta as noções preliminares – espaço, corpo, superfície, linha, os instrumentos empregados ao desenho linear (também chamado geométrico, é a arte de representar por meio de linhas os contornos das superfícies e dos corpos) e afirma que: "A geometria é a parte das matemáticas que estuda a medida indireta da extensão, isto é, dos comprimentos das linhas, das áreas das superfícies, e dos volumes dos espaços" (Borges 1882, p. 3).

---

6. Ex-diretor geral dos Estudos da Província da Bahia, ex-membro do Conselho Superior de Instrução da Corte, sócio efetivo do Instituto Histórico e Geográfico Brasileiro e correspondente das Sociedades Geográficas de Paris, de Bruxelas e de Buenos Aires, da Sociedade dos Amigos da Instrução Popular de Montevideo, da Sociedade Parisiense para Desenvolvimento da Instrução Primária, fundador da Sociedade Propagadora da Instrução do Rio de Janeiro, do Colégio Abílio do Distrito Federal e do Barbacena (todas essas referências constam na capa do livro – Figura 1).

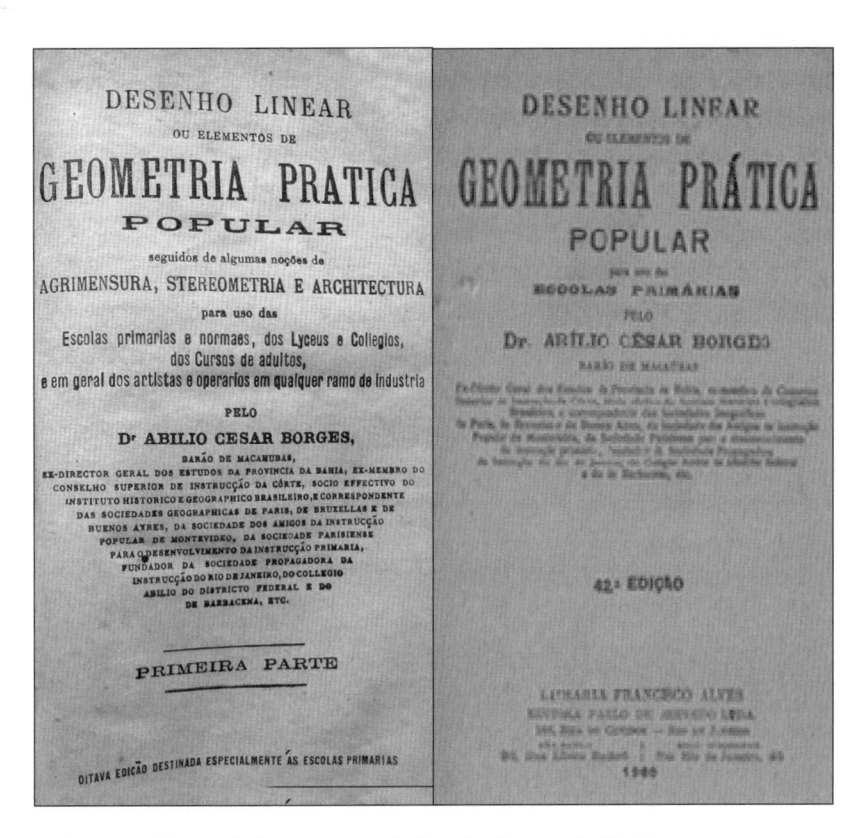

Figura 1: Capas das edições da obra de Abílio Borges

Entretanto, o livro não ensina a desenhar! Os desenhos que constam da obra são representações dos objetos definidos e classificados. O extrato a seguir exemplifica uma página do livro que trata dos triângulos: define triângulo, nomeia base, vértice, altura e classifica-os segundo os seus lados.

CAPÍTULO VI
DOS TRIÂNGULOS

Triângulo ou trilátero é o polígono de três lados e três ângulos, isto é, uma porção de superfície limitada por três linhas que se tocam ou se cortam duas a duas.

Base do triângulo é o lado sobre que se supõe que ele pousa.
Vértice do triângulo é o mesmo vértice do ângulo oposto à base.
Altura do triângulo é a perpendicular traçada do vértice sobre a base.
Nestas figuras, pousando os *triângulos* sobre as *retas indeterminadas*, suas *bases* serão os lados AC, seus *vértices* os mesmos dos ângulos B, e suas *alturas* as linhas pontuadas BD e BM.

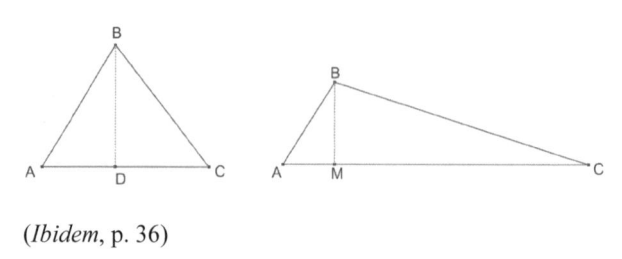

(*Ibidem*, p. 36)

Os exercícios solicitados ao aluno encontram-se ao final de cada capítulo na forma de questionário, em que se pedem as definições dos objetos geométricos, como o que se observa abaixo, referente ao capítulo dos triângulos.

QUESTIONÁRIO
O que é triângulo?
O que são lados do triângulo?
O que é a base do triângulo?
O que é a altura do triângulo?
Como se dividem os triângulos segundo o comprimento de seus lados?
O que é triângulo equilátero?
O que é triângulo isósceles?
O que é triângulo escaleno?
Como se dividem os triângulos segundo a grandeza de seus ângulos?
O que é triângulo retângulo?
O que é triângulo acutângulo?
O que é triângulo obtusângulo?
Como se dividem os triângulos segundo a natureza de seus lados?
O que é triângulo retilíneo?
O que é triângulo curvilíneo?
O que é triângulo mixtilíneo?

No triângulo retângulo, como se chama o lado oposto ao ângulo reto? Como se chamam os outros lados? (*Ibidem*, p. 40)

Após os questionários, na última página do capítulo, é apresentado um quadro sinóptico do tema tratado, como a seguir:

Quadro sinóptico dos triângulos

Os triângulos podem ser:
{ Retilíneos
Mixtilíneos
Equiláteros
Isósceles
Curvilíneos
Escalenos
Equiângulos
Acutângulos
Retângulos
Obtusângulos (*Ibidem*, p. 41)

A estrutura de todos os capítulos da obra é similar: definição, classificação, exemplos e, ao final, um questionário e o quadro sinóptico. Os temas abordam as figuras planas (polígonos, triângulos, quadriláteros, circunferências, elipse, oval, espiral, hélice, parábola e hipérbole) e, também, os sólidos (poliedros, prisma, pirâmide, cone, cilindro, esfera, elipsoide, ovoide).

A proposta para a compilação de um manual considerado como "Primeira Parte" reforça a ideia de que o desenho inicia com o conhecimento dos objetos geométricos para que mais à frente possam eles ser construídos. O desenho constitui, assim, algo preliminar ou preparatório para o ensino da geometria.

O livro de Abílio Borges insere-se na continuidade de etapa anterior de inclusão dos conhecimentos geométricos nos anos iniciais escolares, como se viu no Capítulo 1 deste livro. Assim é que, considerando o desenho como antecedente da geometria, leva em conta o que estava assentado como desenho linear, desenho à mão livre, rumo à organização do saber geométrico. Esse tipo de organização, ao que tudo indica, iluminou as novas propostas republicanas para o tratamento da geometria no curso primário. Esse saber, então, deveria ser ensinado, precedido do desenho.

Assim, o programa de ensino de 1894, que parametriza as novas propostas de ensino nos grupos escolares, apresenta a geometria de maneira bastante extensa e, também, matérias afins, como é o caso do desenho. Em relação a esses documentos, algumas questões emergem naturalmente. Uma delas, basilar: Como um estudo tão extenso de geometria poderia estar presente nas práticas pedagógicas dos professores dos primeiros anos escolares?

Alguns dos vestígios que nos auxiliam na compreensão das práticas pedagógicas são os livros didáticos de outros tempos. Sabe-se que a cada época, há sempre um livro de destaque, de referência para a condução das aulas pelo professor. No período em questão – anos iniciais da República –, o mercado editorial de livros didáticos ganha enorme impulso. Em relação à chancela oficial, desde o início o governo paulista controla a adoção dos livros didáticos nas escolas públicas primárias. Eram somente adotados os livros aprovados pelo Conselho Superior de Instrução Pública e mais tarde, em 1897, pela Diretoria Geral de Instrução Pública (Razzini 2006).

Mesmo que restrito aos grupos escolares, o projeto republicano para a instrução popular promoveu uma renovação dos materiais didáticos como meio de garantir a uniformização dos conteúdos e o cumprimento dos programas graduados de ensino. Desde a década de 1890, observava-se grande desenvolvimento da indústria gráfica no estado de São Paulo. Apostando nas reformas republicanas e na expansão da educação popular, a Livraria Francisco Alves, editora tradicional do segmento de livros didáticos, fundada em 1854, no Rio de Janeiro, expandiu seus negócios em São Paulo, abrindo sua primeira filial em 1894 (Razzini 2006).

É justamente a Livraria Francisco Alves que publica no ano de 1894 a primeira obra didática para o ensino primário de geometria em tempos republicanos. Com o título *Primeiras noções de geometria prática*, Olavo Freire é autor do livro que será referência para o ensino de geometria no primário até a primeira metade do século XX. Vale ressaltar que o termo *geometria prática*, apesar de não mais presente na lei, está posto no manual didático. Assim, caberia a questão: Que relações a *geometria prática* de Freire mantém com o termo empregado em períodos passados?

Convém assinalar também que o lançamento da *Revista Pedagógica* pela então Livraria Clássica de Alves & C., a partir de novembro de 1890, deve ter colaborado para difundir o nome da editora entre seu público-alvo. Endereçada aos professores primários, a *Revista Pedagógica* constituiu uma publicação mensal do *Pedagogium*, órgão de referência, sediado no Rio de Janeiro pelo governo republicano como "centro impulsor das reformas e melhoramentos" da instrução nacional, sendo que Menezes Vieira, Felisberto de Carvalho e Olavo Freire lá ocupavam, respectivamente, os cargos de diretor, subdiretor e secretário-conservador (*Revista Pedagógica* n. 1 e n. 2, nov.1890, *apud* Razzini 2006).

Ao apoio da *Revista Pedagógica* para a difusão do livro, somam-se a estratégia de circulação da obra e o reconhecimento do livro de Olavo Freire por meio da imprensa. Tal fato por ser lido nas páginas do *Jornal do Commercio* de 29 de março de 1895:

> Os Srs. Alves & Cia acabam de editar um livro muito útil, do Sr. Olavo Freire. Intitula-se *Primeiras noções de Geometria Prática* e dá ao ensino de geometria elementar a facilidade que os estudantes não encontrão em outros compêndios. O Sr. Olavo Freire, pela clareza da sua exposição e pela excelência do método que adotou, soube tornar o seu livro uma obra didática de mérito verdadeiramente excepcional. Por ele a geometria elementar pode ser ensinada com grande vantagem nas escolas de instrução primária, e sabem todos quanto o conhecimento de geometria impõe-se hoje a todas as profissões. (Freire 1907, p. 9)

Trata-se de um livro com dimensões de 18 x 11 cm, capa dura e 226 páginas que, na 12ª edição, inclui 490 exercícios, 92 problemas resolvidos e 381 gravuras, informações essas destacadas na capa da publicação. Há, ainda, na capa, ao final, a frase "Aprovada e premiada pelo Conselho de Instrução Pública do Distrito Federal", como evidencia a Figura 2 abaixo:

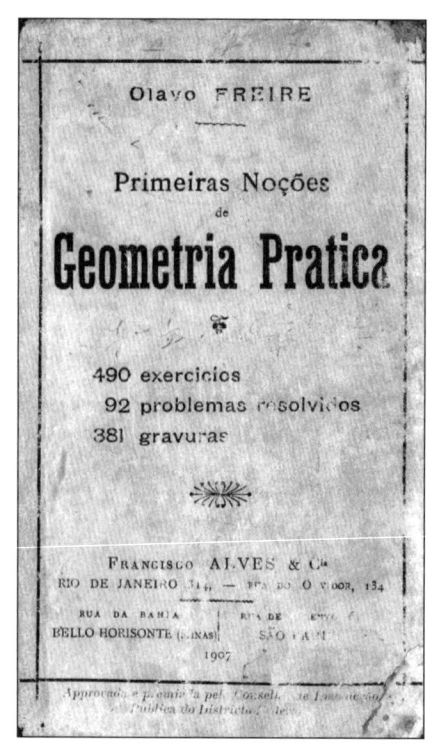

Figura 2: Capa do livro de Olavo Freire

A geometria é distribuída em 21 capítulos, sendo os 13 primeiros destinados ao estudo da geometria plana, finalizando com o cálculo de áreas de polígonos. Os demais capítulos, reservados para a geometria espacial, incluem também o cálculo de áreas e volumes dos poliedros e corpos redondos.

O primeiro capítulo do livro apresenta as definições de espaço, corpo, extensão, volume, superfície, linha e ponto. Observa-se que os conceitos são definidos sempre por meio de exemplos de objetos, com figuras ilustrativas, como se observa nos exemplos retirados da página 16:

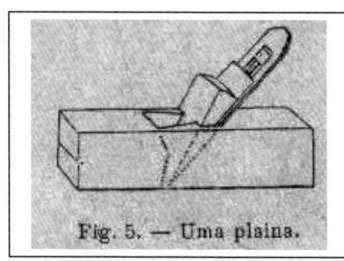

	O marceneiro utiliza-se de um instrumento chamado plaina (*fig.5*) para obter uma **superfície** *plana*. As **superfícies** do ovo, de uma laranja etc. são *curvas*. O torneiro é o operário que mais conhece as **superfícies** *curvas*; é ele quem nos fabrica os cabos de utensílios, as maçanetas, as colunas, os piões, cujas **superfícies** são *curvas*. (Freire 1907, p. 16)

Figura 3

A análise do primeiro capítulo do livro mostra que a *geometria* proposta tem um enfoque predominantemente prático, ao relacionar os conceitos apresentados com objetos e ferramentas da vida diária, destacando suas aplicações em algumas profissões, como se pode ver na Figura 3, de marceneiro e torneiro. Nos demais capítulos da obra esse enfoque é mantido, porém com frequência menor. No final do capítulo XVIII, intitulado "Corpos redondos", há uma nota: "Para as lições contidas nos capítulos XVI, XVII, XVIII é necessário que o professor disponha de uma coleção de sólidos geométricos. Estes sólidos devem ser feitos em cartão, pelos alunos" (*ibidem*, p. 179).

No Capítulo II, inicia-se o estudo das construções geométricas com régua e compasso, que segue ao longo de todo o desenvolvimento da geometria plana. O primeiro problema é apresentado na página 34 como: *Construir um ângulo igual a outro ângulo dado*. Como exemplo, descrevemos o segundo problema, que é realizado na página 35:

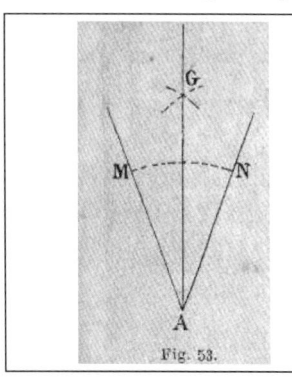

	Problema 2 – Traçar a bissetriz de um ângulo ou dividi-lo em duas partes iguais. Do ponto A, com uma distância qualquer, descrevamos o arco MN. Dos pontos M e N, como centros (*fig. 53*) e com uma mesma distância descrevamos os arcos que determinam o ponto G, o qual, ligado ao vé*rtice* do **ângulo**, isto é, ao ponto A, nos dará a *bissetriz* pedida. (*Ibidem*, p. 35)

Figura 4

As construções geométricas apresentadas nos demais capítulos seguem o mesmo padrão do problema I, ou seja, uma sequência de passos a seguir até obter o objeto final construído. Não há explicação ou justificativa para que os procedimentos adotados na respectiva construção sejam os descritos. Ao todo, na obra, são apresentados 92 problemas, sendo a maioria de construções geométricas; alguns poucos são destinados ao cálculo de áreas e volumes. No capítulo XXIII, são construídas as figuras: elipse, oval, espiral, hélice, parábola e hipérbole. O último problema, de número XCII, pede: "Traçar uma hipérbole com o compasso sendo dados os focos e os vértices" (*ibidem*, p. 218).

Em relação ao programa apresentado no decreto 248, de 1894, os conteúdos estabelecidos, praticamente todos eles, são tratados no livro de Olavo Freire, tanto a geometria plana como a espacial. Já em relação às construções geométricas, na legislação é feita somente uma menção na 1ª série do 3º ano para a construção de triângulos isósceles, equilátero e retângulo, usando esquadro e régua, ao passo que no livro, todas as construções realizadas são feitas com régua e compasso, desde o Capítulo II, percorrendo praticamente todos os conteúdos.

Em síntese, a geometria proposta no livro de Freire pode ser interpretada como uma *geometria prática*, na medida em que os conceitos estudados são relacionados com objetos da vida cotidiana, porém a presença de construções geométricas de maneira contínua e crescente representa um novo enfoque para o caráter prático da geometria, ou seja, a praticidade na ação de construir objetos geométricos com régua e compasso. Pode-se perguntar: Os alunos estudaram essas construções? E também: Tais problemas estiveram presentes na prática pedagógica do ensino nos anos iniciais?

A historiadora Rosa Fátima de Souza apresenta em seu livro *Alicerces da pátria* um vestígio do quanto o livro de Freire ganhou lugar nos grupos escolares paulistas. Trata-se de uma prova de geometria da professora A.P. Ourique de Carvalho, do 3º ano do Grupo Escolar Antonio Padilha, na cidade de Sorocaba, interior do estado de São Paulo, no ano de 1896, na qual é formulado o problema: "Traçar a bissetriz de um ângulo ou dividi-lo em duas partes iguais",[7] exatamente o mesmo apresentado no livro de Olavo Freire, como problema 2. A aluna, da seção feminina, responde corretamente à questão da seguinte forma:

> Suponhamos por exemplo o ângulo A e do ponto A, com uma distância qualquer, descrevamos o arco MN. Dos pontos M e N, como centros, e com uma mesma distância descrevamos os arcos que determinam o ponto G, o qual, ligado ao vértice do ângulo, isto é, ao ponto A, nos dará a bissetriz pedida. (Souza 2009, p. 94)

Outra fonte da pesquisa histórica, igualmente reveladora de práticas pedagógicas, são os cadernos escolares. No Centro de Documentação do Grupo de Pesquisa de História da Educação Matemática no Brasil (Ghemat)[8] consta um caderno de geometria da 2ª série, sem data, do aluno Ariovaldo Ferreira de Abreu. Trata-se de um caderno de desenho, em que se encontram construções geométricas com régua e compasso, como traçado de uma perpendicular pela metade de um segmento de reta, paralelas, divisão de um ângulo em duas partes iguais, triângulos, quadrados, hexágonos, entre outras. Ariovaldo fez a 2ª série primária no ano de 1959 no Ginásio Stafford da cidade de São Paulo. Junto com a coleção de cadernos doada, consta um exemplar do livro de Olavo Freire de 1942, na sua 39ª edição, muito provavelmente usado como referência para as construções do caderno. Mais uma evidência de que a obra de Freire teve vida longa, chegando até meados do século XX.

Apesar das evidências expostas acima, que levam a concluir que a geometria prática, presente nos tempos dos grupos escolares, caracterizou-se pelas construções geométricas com régua e compasso, é preciso fazer uma ressalva em relação ao papel do ensino de geometria

---

7. Prova da aluna Dorvalina de Moraes Rosa, 3º ano, Grupo Escolar Antonio Padilha, Sorocaba, 1896 (Souza 2009, p. 94).
8. O Centro de Documentação contém o acervo do Ghemat e pode ser consultado por pesquisadores. [Disponível na internet: http://www.unifesp.br/centros/ghemat.]

nos anos iniciais. Análise realizada dos exames de admissão[9] revela que a predominância do ensino de matemática no segmento do primário recai sobre a aritmética. As provas que constam dos CDs *Os exames de admissão ao ginásio*, coordenados pelo professor Wagner Rodrigues Valente (2001), indicam que durante os anos de 1931 até 1969, a geometria praticamente não fez parte dos saberes exigidos nos exames. Nas diversas provas analisadas, quase não se encontram questões específicas de geometria. Somente nas provas de 1931, primeiro ano de realização do exame, há uma questão de geometria, referente à construção de figuras geométricas à mão livre.

Pode-se dizer que os grupos escolares paulistas seguem ao longo da primeira metade do século XX num processo de expansão e reformulação. Em relação à geometria, logo na primeira reforma do século XX, de 1905,[10] evidenciam-se alterações significativas: a proximidade com a matéria de desenho não existe mais, as figuras geométricas que eram estudadas e desenhadas como passo inicial no processo de aquisição para desenhos aplicados não constam mais da lista de conteúdos. O método que passa a ser adotado na matéria de desenho é o do desenho natural, em que se observam e desenham objetos da vida da criança e não mais as figuras geométricas. O trecho extraído da *Revista de Ensino* evidencia o rompimento entre as matérias de desenho e geometria no curso primário:

> Um grave erro, que resulta de uma falsa analogia, é supor-se que o processo de desenvolvimento geométrico seja similar aos exercícios gradativos aplicados à arte do desenho. A geometria é uma ciência

---

9. Os exames de admissão são regulamentados pelo decreto 19.890 de 18 de abril de 1831. O exame dá direito à 1ª série do ensino secundário e contém prova escrita de português e de aritmética e provas orais de geografia, história do Brasil e ciências naturais. Uma análise completa dos exames de admissão pode ser lida em Machado (2002).
10. Decreto 1.281 de 24 de abril de 1905 – Aprova e manda observar o programa de ensino para os grupos escolares e escolas modelo. Assinado por Jorge Tibiriçá – J. Cardoso de Almeida.

toda ela abstrata, que tem por objeto a medida da extensão e todas as suas figuras são construídas no espaço. Seus pontos, linhas e superfícies são elementos teóricos, sem existência real. (N.M.E.S. 1913, p. 24, *apud* Valente 2010)

Assim sendo, o estudo de figuras geométricas, tanto planas como espaciais, no curso primário passou a ficar a cargo da matéria de geometria; de outra parte, a complementaridade entre desenho e geometria, presente ao longo do século XIX, termina. De um lado, o desenho ocupa-se da representação do natural, de objetos concretos, e de outro, a geometria desenvolve a ciência desde sempre comprometida com os entes geométricos abstratos e com o rigor.

Uma alteração significativa presente na reforma de 1905 é a inversão no desenvolvimento dos conteúdos; inicia-se com figuras geométricas espaciais no 1º e no 2º anos e o estudo propriamente de figuras planas é proposto para o 3º e o 4º anos. Esse novo encadeamento do espaço para o plano é mantido ao longo das reformas seguintes até meados do século XX.

A novidade trazida pela reforma de 1918,[11] na geometria, é o acréscimo do conteúdo "traçado de linhas com uso do compasso" junto com as figuras planas relacionadas para o 3º ano escolar. Vale ainda destacar que a referência ao uso do compasso nos traçados é mantida inclusive na reforma de 1921,[12] em que o curso primário é reduzido para somente dois anos.

---

11. Decreto 2.944 de 8 de agosto de 1918 – Aprova o regulamento para a execução da lei 1.579, de 19 de dezembro de 1917, que estabelece diversas disposições sobre a instrução pública do Estado. Assinado por Altino Arantes – Oscar Rodrigues Alves.
12. Decreto 3.356 de 31 de maio de 1921 – Regulamenta a lei 1.750 de 8 de dezembro de 1920, que reforma a instrução pública. Assinado por Washington Luis Pereira de Sousa – Alarico Silveira. As principais medidas da reforma de 1920 foram: a redução do ensino primário para dois anos de duração nas escolas urbanas e rurais, a criação do ensino médio correspondente ao 3º e ao 4º anos do curso primário existente até então (Souza 2009, p. 120).

A próxima mudança expressiva no ensino de geometria evidencia-se na reforma de 1925,[13] em que se restabelece o ensino primário de quatro anos. Uma nova matéria insere-se ao programa, com o nome de *formas*, destinada aos dois primeiros anos, enquanto a geometria fica reservada para os dois anos finais. Prescreve o programa que o estudo das formas deve ser o mais prático e intuitivo possível e feito sempre à vista de modelos ou sólidos geométricos. Inicia-se pela comparação entre esfera, cubo e cilindro e, em seguida, estudam-se as superfícies dos sólidos (quadrado, retângulo, triângulo). Sugere-se que os sólidos sejam feitos em argila ou plastilina.

Para a matéria de geometria, contam as noções elementares de desenho geométrico aplicado às construções de triângulos e de quadriláteros, juntamente com a determinação prática das áreas dessas figuras planas. No quarto e último ano introduz-se a taquimetria, considerada como a concretização da geometria, ou, ainda, a lição de coisas aplicadas às medidas de extensões e volumes. O programa de 1925 terá longa duração, visto que o programa mínimo instituído em 1934[14] praticamente nada altera em relação às formas e à geometria e segue em vigência até 1949, caracterizando-se como o programa de referência para o período da chamada Escola Nova.

Tudo indica que o programa separa o estudo de figuras geométricas em dois momentos distintos, com designações específicas. Para os primeiros dois anos, a matéria *formas*, configurada como ensino intuitivo, prático, de exploração, manipulação de objetos, sem denominações e construções a serem cobradas pelos alunos. Num momento posterior,

---

13. Ato da Secretaria de Estado dos Negócios do Interior. São Paulo, 19 de fevereiro de 1925. Assinado por José Manuel Lobo.
14. O secretário da Educação e Saúde Pública resolve manter nos grupos escolares o programa aprovado por ato de 19 de fevereiro de 1925 do secretário de estado dos Negócios do Interior e determina que nos grupos escolares tresdobrados seja observado o programa mínimo que a este acompanha, do qual se escolherão os pontos de exame de todos os grupos escolares do estado. São Paulo, 30 de abril de 1935. Assinado por Cantidio de Moura Campos.

destinada aos terceiros e quartos anos, a matéria geometria, caracterizada por definições, propriedades geométricas, construções com utilização de régua e compasso e medidas de áreas e volumes.

Seguindo o diálogo com os livros didáticos de cada época, com a intenção de analisar como as normatizações legais são traduzidas, interpretadas e propostas pelos autores para as práticas pedagógicas, analisamos o *Manual do ensino primário*, de Miguel Milano. Trata-se de obra em quatro volumes, um para cada ano escolar, com orientações e sugestões a todas as matérias do programa mínimo. Entretanto, o autor salienta no Prefácio que contém o "programa máximo", pois "preferi-o ao mínimo, porque entendo que este não pode ser estabelecido: depende da faculdade transmissora do professor e do poder aquisitivo dos alunos" (Milano 1938).

O manual, que apresenta na capa a observação: "Rigorosamente de acordo com o programa oficial do Estado de São Paulo", segue exatamente as orientações do programa mínimo. Nos dois primeiros anos, com a denominação de forma, são apresentadas atividades de exploração dos sólidos geométricos, todas com perguntas e respostas. Na lição sobre o cubo, segue-se um conjunto de perguntas e respostas com a intenção de levar os alunos a familiarizarem-se com elementos do cubo, como se observa no exemplo a seguir:

O cubo
Este é outro sólido, que eu prometi mostrar a vocês. Chama-se **cubo** (fig.15-c). É de madeira, cheio e pesado. Tem, também, a superfície lisa. Mas, reparem. Rola ele como a esfera?
– Não, senhora.
– Por quê?
– Porque a sua superfície não é curva, como a da esfera.
– Não é?!
– Não, senhora. É plana.
– Nesse caso, o **cubo** não é redondo.
– Não é redondo, não, senhora.
– Vou colocá-lo no alto de uma tábua inclinada. Que aconteceu?
– O **cubo** escorregou.

– Estes lados do cubo chamam-se **faces**. Vamos contá-las.
– Uma, duas, três, quatro, cinco, seis.
– Quantas **faces** tem o cubo?
– O cubo tem seis **faces**.
– Todas planas?
– Todas planas, sim, senhora.
– Vou cortar um papelão do tamanho de uma delas, para ver se são todas iguais. Viram? São todas iguaizinhas. Que forma tem as faces do cubo?
– As faces do cubo têm a forma de **um quadrado**.
– Como são elas, então?
– Elas são **quadradas**.
– De que modo responderão vocês, a quem lhes perguntar o que seja um cubo?
– **Cubo** é um sólido que tem seis faces planas, quadradas e iguais.
– Bem respondido, sim, senhores! Mas há ainda outras coisas no cubo, que vocês precisam aprender. (Milano 1938, p. 130)

A partir do 2º ano, o manual apresenta a denominação *Formas (geometria)* e já se inicia a apresentação das definições, tanto dos sólidos como das figuras planas, apresentadas como partes dos sólidos. Não há mais perguntas e respostas como no manual do 1º ano. Há divisões de quadriláteros em triângulos menores, construções de prismas, pirâmides, cones e cilindro baseados em modelos.

O 3º e o 4º anos dos manuais, seguindo o programa, apresentam construções geométricas com régua e compasso, de forma análoga à proposta pelo livro de Olavo Freire, porém mais resumidamente, conforme o programa indica. Os problemas propostos, os desenhos que acompanham as construções e pequenas alterações na sequência dos conteúdos reafirmam a obra de Freire como um manual inovador e que se configurou como referência para as obras produzidas a partir de então, como é o caso do livro de Milano. A seguir, reproduzimos o problema número 2 do manual de Milano para o 3º ano:

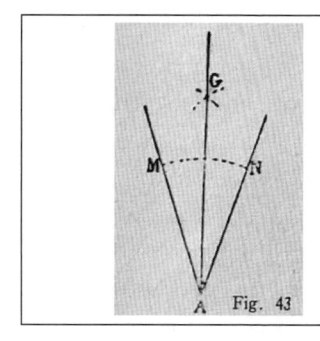

Problema 2 – Dividir um ângulo em duas partes iguais, ou traçar a sua bissetriz.

Do ângulo A (fig. 43), com qualquer abertura do compasso descreve-se o arco MN. Dos pontos M e N como centros, e com um mesmo raio, descrevem-se arcos que se cortem no ponto G. Ligando-se o ponto G ao vértice A, tem-se a divisão pedida ou a bissetriz do ângulo. (Milano 1942, p. 90)

Figura 5

Em síntese, tudo leva a crer que o termo *geometria prática* recebe um novo significado, expresso pela chegada de instrumentos de construção ao ensino de geometria primário, primeiramente no livro de Freire, referência de obra didática para a geometria dos grupos escolares, ganhando espaço anos mais tarde na legislação do estado de São Paulo.

A separação de conteúdos e procedimentos de ensino da geometria e do desenho, num primeiro momento, e de geometria e formas, num segundo período, também constitui a marca de um novo tempo, representado por uma nova organização do ensino primário, extremamente articulada com as propostas do método intuitivo e das *lições de coisas*.

Pode-se dizer que no primeiro período da instalação e da organização dos grupos escolares, que compreende o final do século XIX e as três primeiras décadas do século XX, a matéria de geometria sofre alterações nas reformas educativas do período, tendo destaque a inversão da sequência de conteúdos que, no início, se configura "do plano para o espaço" e, logo na primeira reforma, em 1905, inverte-se e trabalha-se "do espaço para o plano". É preciso salientar a vaga do ensino intuitivo, das lições das coisas, da importância para a observação, considerando que o mundo que a criança observa é tridimensional. Fora isso, desde o início do século XX começam a circular em São Paulo cartilhas elaboradas com base no método analítico, que se filiam aos processos pedagógicos indutivos partindo do todo para as partes (Souza 2009, p. 176). Assim, nada mais natural do que pensar num ensino que parte da visão global, do todo, para num momento posterior investigar as partes que constituem esse todo.

Entretanto, a presença das construções geométricas na escola primária traz um complicador a essa ordem "do espaço para o plano", visto que as construções são planas. A principal obra de referência do período, de Olavo Freire, apresenta a geometria "do plano para o espaço" e segue as etapas das construções geométricas. A inserção dos traçados geométricos na legislação, no ano de 1918, reafirma a proposta de Freire e mantém-se nos demais programas restritos para a matéria de geometria. É possível pensar que a presença das construções geométricas, em alguma medida, representa uma forma de apropriar-se das orientações de que o ensino deva ser prático, de que a geometria deva ser prática. E, desse modo, praticar a geometria levaria à conclusão da necessidade de utilização de instrumentos na construção de figuras.

A história segue, um novo tempo aproxima-se, igualmente representativo e marcado por novos princípios com forte e expressiva influência nos anos iniciais de escolaridade...

3
QUANDO A GEOMETRIA TORNOU-SE MODERNA: TEMPOS DO MMM

Neuza Bertoni Pinto
Wagner Rodrigues Valente

Os tempos são de *estruturalismo* – estruturalismo como método rigoroso de análise intelectual, que traz grande esperança de fazer avançar temas científicos fundamentais; estruturalismo como tratamento das relações entre as partes e o todo. A totalidade representa uma prioridade lógica sobre as partes, e as relações ganham mais importância que as entidades que as constituem, a estrutura oculta sendo sempre mais significativa que o evidente. O simbolismo como relevante e não as entidades simbolizadas. Assim, o estruturalismo ganha *status* interdisciplinar e multidisciplinar na produção de conhecimentos na matemática, na filosofia, na linguística, na antropologia, na crítica literária. Transforma-se em filosofia dominante em meados do século XX, um momento particular da história do pensamento humano, um tempo forte da consciência crítica (Dosse 1992, p. 9). No ensino da matemática, o movimento derivado dessa corrente torna-se conhecido como Movimento da Matemática Moderna (MMM) e, seguindo a concepção estruturalista, elege três estruturas matemáticas centrais: as estruturas topológicas, algébricas e de ordem.

O MMM é um movimento de âmbito internacional; trata-se do segundo movimento internacional de reformulação do ensino da matemática, sendo que o primeiro ocorreu no início do século XX. Desde a década de 1950, matemáticos, pedagogos, professores de matemática, psicólogos, lógicos analisam e debatem propostas para o ensino da matemática escolar. Comissões, reuniões de avaliação e discussões de propostas ocorrem na Europa e também nas Américas. As prerrogativas defendidas pelo movimento indicam a unificação dos diferentes campos da matemática, por meio das estruturas algébricas. O MMM busca aproximar o ensino realizado na educação básica àquele desenvolvido na universidade que, na altura, corresponde à linguagem e à estrutura empregada pelos matemáticos da época.

E assim, em tempos de estruturalismo e de MMM, coloca-se a questão fundamental: Que geometria ensinar para crianças?

Estruturalismo, matemática moderna e uma nova geometria para crianças

As primeiras ideias de estrutura associadas aos conceitos matemáticos são desenvolvidas por um grupo de pesquisadores denominados bourbakistas.[1] Desse modo, o grupo estruturalista da matemática – os bourbakistas – ganha papel de destaque na condução e na divulgação das propostas do MMM, em âmbito internacional. Na

---

1. Nicolas Bourbaki é o nome de um grupo de matemáticos organizados numa associação, na França, que tem por objetivo, a partir dos anos 1930, conduzir o ensino de matemática de forma rigorosa. Bourbaki é referência maior na organização estrutural das matemáticas. Jean Dieudonné (1906-1994) é um dos membros mais ativos e produtivos do grupo. Dieudonné escreve numerosas obras e é autor importante de história da matemática, contribuindo muito para a consolidação de certa ortodoxia estruturalista (Patras 2001, p. 6).

psicologia, a ideia de estrutura é adotada por Jean Piaget,[2] que se interessa pela matemática, o que faz com que as ideias de Bourbaki lhe sejam úteis. Piaget chega à conclusão de que em todos os estágios do desenvolvimento da inteligência nas crianças, os processos de pensamento organizam-se de forma muito estruturada segundo noções matemáticas definidas com grande precisão por Bourbaki (Aczel 2009, pp. 115-116 e 139).

Os marcos de aproximação da psicologia genética com a matemática estruturalista são estabelecidos no encontro de Piaget com Dieudonné:

> Assim como André Weil e Claude Lévi-Strauss se encontraram em Nova York, Jean Piaget e Jean Dieudonné também estiveram em contato. Essa relação marcou profundamente a evolução da ciência, reforçando a influência exercida por Bourbaki no avanço do estruturalismo. A reunião teve lugar em abril de 1952 em um congresso de estruturas matemáticas e estruturas mentais celebrado nas imediações de Paris. Dieudonné deu uma conferência aonde (*sic*) descreveu as três estruturas-mãe de Bourbaki: composição, proximidade e ordem (*estruturas algébrica, topológica e de ordem*). Em seguida, Piaget tratou das estruturas que havia descoberto para explicar a construção do pensamento das crianças. Para surpresa de ambos os conferencistas, ficou claro que tratavam do mesmo assunto. Pareceu óbvio que existia uma relação direta entre as três estruturas matemáticas estudadas por Bourbaki e aquelas inerentes ao pensamento operativo das crianças. (Aczel 2009, p. 140)

Esse encontro parece ser emblemático. Mas, antes e depois dele, outros eventos propiciam discussões entre matemática e psicologia, nesses novos tempos estruturalistas. São seminários internacionais organizados pela Commission Internationale pour l'Étude et l'Amélioration de l'Enseignement des Mathématiques.[3] Essa comissão publica, como

---

2. Jean Piaget (1896-1980).
3. Comissão Internacional para o Estudo e o Aperfeiçoamento do Ensino da Matemática.

obra coletiva, em 1955, o texto *L'Enseignement des Mathématiques*. O primeiro capítulo do livro intitula-se "Les structures mathématiques et les structures opératoires de l'intelligence",[4] o qual constitui síntese da comunicação de Jean Piaget feita no seminário de 1952.

Ao que tudo indica, esses seminários transformaram-se em ponto inicial e de apoio ao que viria em seguida, com amplo financiamento e divulgação internacional, com vistas à transformação da matemática escolar. Em 1959, a Organização Europeia de Cooperação Econômica (Oece) promove um inquérito relativamente ao ensino de matemática em seus países-membros. Além do levantamento de informações, a Oece patrocina um encontro para discutir os dados obtidos, com vistas a incrementar uma reforma curricular do ensino de matemática. De fato, ele é realizado no Cercle de Royaumont, em Asnières-sur-Oise, França, com a duração de duas semanas e com a participação de cerca de 50 delegados de 18 países (Guimarães 2007, pp. 21-22).

Ao final do que fica conhecido como "Seminário de Royaumont", tem-se uma proposta de reforma para o ensino de matemática, detalhada no ano seguinte, com a elaboração do texto "Um programa moderno de matemática para o ensino secundário":

> [a proposta] foi fortemente influenciada pelas ideias estruturalistas dominantes na época, em particular no que se refere à Matemática e à Psicologia. Em relação a esta última, o trabalho de Jean Piaget assumiu uma visibilidade significativa no Seminário de Royaumont, sendo disso indício, nomeadamente, a menção de Marshal Stone, que presidiu aos trabalhos do seminário, às pesquisas de Piaget, destacando-se entre as que, em sua opinião, deram origem a "possibilidade [até então] desconhecidas em pedagogia" (...). (Guimarães 2007, p. 22)

Aproximadamente dez anos mais tarde da proposição de um programa moderno para a matemática escolar em nível secundário,

---

4. As estruturas matemáticas e as estruturas operatórias da inteligência.

ganha divulgação um programa para o nível primário, para a escola elementar, para os primeiros anos escolares. Ele, segundo seus autores, é resultado de pesquisas e experiências realizadas durante uma década, pelo International Study Group for Mathematics Learning (ISGML).[5] À frente da proposta, Zoltan Paul Dienes.[6]

Zoltan Dienes, Claude Gaulin e Dieter Lunkenbein, por meio do Centre de Recherches en Psycho-mathématique da Universidade de Sherbrooke, Canadá, publicam, em 1969, o texto "Um programa de matemática para o nível elementar". Para os autores da proposta, o desafio era ter em conta o "estado atual da Matemática e os mais recentes desenvolvimentos da psicogênese" (Dienes *et al.* 1969, p. 29). O "estágio atual da Matemática" é contemplado considerando-se o acento no ensino das estruturas matemáticas. De outra parte, a psicogênese refere-se às contribuições de Jean Piaget. Com elas, Zoltan Dienes desenvolve uma sistematização teórica sobre como as crianças aprendem um conceito matemático: há seis estágios de aprendizagem. Tais estágios representam, no âmbito da aprendizagem matemática, "por assim dizer, o desenvolvimento em escala microscópica da teoria de Piaget" (*ibidem*, p. 43).

A proposta de um programa moderno para o ensino elementar considera quatro caminhos que devem ser seguidos "paralela e

---

5. Grupo de estudos internacional da aprendizagem em matemática. Centro de estudos responsável pela coordenação de grupos espalhados por diversos países, com o objetivo de desenvolver pesquisas sobre a maneira de conseguir uma compreensão universal da matemática, fundamentada na psicologia teórica e na pedagogia prática (Dienes *et al.*1969, p. 9).
6. Zoltan Paul Dienes (1916-2014) tem em sua formação estudos de matemática pura e aplicada, com graduação pela Universidade de Londres, em 1937, doutorando-se pela mesma universidade, em 1939. Depois de larga experiência docente, transforma-se em pesquisador do Centro de Estudos Cognitivos da Universidade de Harvard (1960-1961) e professor associado de psicologia na Universidade de Adelaide (Austrália) (1961-1964). Posteriormente, dirige o Centro de Psicomatemática em Sherbrooke, no Québec (1964-1975). Em 1964, funda o International Study Group for Mathematics Learning (ISGML). [Disponível na internet: http://www.dienes.hu/page_biographies_DZ.html, acesso em 9/1/2012.]

progressivamente": o algébrico, o aritmético, o lógico e o geométrico. Para o ensino de geometria nos anos iniciais, o caminho tem início pelas noções de *topologia* (Dienes *et al.* 1969).

Piaget, a geometria e a topologia

Dentre as dezenas de obras publicadas por Jean Piaget figura a de 1947 intitulada *La Représentation de l'Espace chez l'Enfant*. O texto é traduzido para o português como *A representação do espaço na criança*, em 1993. Para manter a precisão é preciso mencionar que Piaget, no livro, faz parceria com Bärbel Inhelder.

No Prólogo da obra, os autores mencionam que:

> Os tratados elementares da geometria são mais ou menos unânimes em nos apresentar as noções espaciais iniciais como repousando em intuições euclidianas: retas, ângulos, quadrados e círculos, medidas etc. Essa opinião parece, aliás, confirmada pelo estudo da percepção e das "boas formas" visuais ou táteis. Mas, por outro lado, a análise abstrata das geometrias tende a demonstrar que as noções espaciais fundamentais não são euclidianas: são "topológicas", isto é, repousam simplesmente nas correspondências qualitativas bicontínuas que recorrem aos conceitos de vizinhança e de separação, de envolvimento e de ordem etc., mas ignoram qualquer conservação das distâncias, assim como toda projetividade. Ora, nós constataremos precisa e incessantemente que o espaço infantil, cuja natureza essencial é ativa e operatória, começa por intuições topológicas elementares, bem antes de tornar-se simultaneamente projetivo e euclidiano. (Piaget e Inhelder 1993, p. 12)

No mesmo Prólogo, um pouco mais adiante, tendo sido explicitada a tese da obra de que a criança passa primeiro pelo *estágio topológico*, antes do *euclidiano*, na apropriação do espaço, os autores inferem como deveria ser o ensino de geometria para crianças:

O ensino da geometria poderia ganhar muito ao adaptar-se à evolução espontânea das noções, ainda que – acabamos de pressenti-lo – tal evolução seja muito mais próxima da construção matemática do que o são a maioria dos manuais ditos "elementares". Tem sido dito que a "teoria dos conjuntos" de Cantor deveria ser ensinada na escola primária. Nós não estaríamos longe de pensar o mesmo no que se refere aos elementos da topologia... (*Ibidem*)

Assim, desde o Prólogo da obra, Piaget e Inhelder fazem apelo, em realidade, a uma mudança no que deveria ser elementar no ensino de geometria para crianças. Dever-se-ia abandonar a milenar ideia do ensino dos rudimentos dos elementos de Euclides, voltando-se a atenção para os elementos da topologia. Não irá demorar muito para que o apelo faça eco, ganhe o debate pedagógico, e lugar nos manuais pedagógicos para ensino de geometria. Um dos primeiros a dar aplicabilidade aos estudos piagetianos no ensino da matemática e, em especial, da geometria é Zoltan Dienes.

Dienes e o ensino de geometria para crianças

Em 2007 é publicada a obra *The legacy of Zoltan Dienes*. Em seu Prefácio, o editor faz uma apresentação de Dienes, destacando:

Zoltan Paul Dienes (1916-[2014]) é considerado uma lenda viva no campo da educação matemática, por seu pioneiro trabalho e por sua atuação, que já conta mais de 50 anos de atividades. Tendo formação matemática na Inglaterra, interessou-se pela psicologia da aprendizagem na década de 1950, obtendo sua segunda graduação em Psicologia. Os trabalhos desse autor, influenciados pelo estruturalismo e pela psicologia cognitiva, trouxeram originalidade ao campo da educação matemática. Os livros *Building up Mathematics* (Dienes, 1960) e *Thinking in Structures* (Dienes & Jeeves, 1965) influenciaram educadores matemáticos do mundo inteiro. (Sriraman 2007, p. i)

No Brasil, os textos de Dienes são editados em finais da década de 1960. Em 1977, precisamente, sai a terceira edição do volume III da coleção de Dienes, intitulado *Exploração do espaço e prática da medição*. Junto com Dienes, assina como coautor da obra E.W. Golding.

Iniciando o texto, em sua primeira parte, o item "Ideias fundamentais" destaca:

> A geometria é a exploração do espaço. Uma criança, desde seu nascimento, explora o espaço. Primeiramente o olha, depois o sonda com seus braços e pernas visando à descoberta, e enfim se desloca nele. É preciso um tempo bastante longo para desenvolver as ideias de perspectiva, de distância, de profundidade; noções como as de *dentro* e *fora*, *diante* e *atrás*, *antes* e *depois*, e assim por diante. (...) As primeiras noções de geometria não têm nada a ver com a medida. Uma criança preocupa-se muito pouco com a distância exata dos objetos, de seus movimentos ou do ângulo sob o qual as coisas são vistas. (Dienes e Golding 1977, p. 1)

Mais adiante, os autores ponderam que é por meio das noções de "dentro" e "fora", "aberturas", "diante" e "atrás" etc. que se deve tratar o ensino de geometria para crianças. As noções qualificadas em geometria de "topológicas" devem ser o ponto de partida do ensino. Em seguida, os autores tratam do tema "topologia". Em linguajar fácil e simples, colocam ao leitor propostas para trabalho com topologia para crianças:

> Podemos oferecer às crianças alguns jogos interessantes com as fronteiras. Suponhamos ter que lidar com um espaço de duas dimensões: um jardim e um pátio. Consideremo-lo tão grande que suas fronteiras não possam ser vistas em nenhuma direção e tracemos as fronteiras a nosso arbítrio. Por exemplo, disponhamos ao acaso, no chão, certo número de aros com diâmetros variados, cuidando para que não se toquem. Podemos colocar aros pequenos dentro de grandes. Depois dizemos às crianças que se separem como bem entenderem, algumas fora dos aros, outras no interior de um aro isolado, outras entre um aro pequeno e um grande. Perguntemos então, à classe, se é possível, por exemplo, a Pedro ir visitar Francisca sem atravessar nenhuma "fronteira". Repetimos o exercício diversas vezes, nomeando crianças diferentes: às vezes será possível, outras vezes, não. (...) (*Ibidem*, pp. 3-4)

Com atividades como essa as crianças terão interesse nas propriedades topológicas do espaço, nas fronteiras, nas portas, nos espaços e nos domínios, sem atenção especial para a medida. Nessa etapa de aprendizagem, elas não estão ainda mentalmente preparadas para os desenhos geométricos de formato pequeno, realizados sobre uma folha de papel (*ibidem*, p. 6).

Livros didáticos e o ensino de geometria

As propostas de Zoltan Dienes repercutem nos novos livros didáticos. No Brasil, um dos primeiros textos publicados para as séries iniciais, sob a égide da matemática moderna, é a coleção de autoria de Manhúcia Perelberg Liberman, Anna Franchi e Lucília Bechara. Trata-se do *Curso moderno de matemática para a escola elementar*, uma coleção escrita em cinco volumes, com o primeiro deles lançado em 1966-1967 (França 2007, p. 76).

A pesquisadora Lúcia Maria Aversa Villela considera que o trabalho dessas autoras "constituiu a dimensão mais visível da entrada em cena das educadoras matemáticas" (Villela 2009, p. 17). Explica-se: a elaboração de obras didáticas para o ensino de primeiras letras, em especial aquelas de matemática, até meados da década de 1960, não tem autoria de professores formados em cursos de licenciatura em matemática. Liberman, Franchi e Bechara têm essa formação.

Para além do pioneirismo, os livros didáticos dessas autoras ganham importância para a análise na medida em que constituem verdadeiros *best-sellers* do ponto de vista de quantidade de exemplares vendidos ao tempo do MMM.[7]

A razão do sucesso editorial da coleção aponta para vários componentes. Pioneirismo, contexto do MMM, amparo da maior editora

---

7. Villela (2009), em estudo muito detalhado nos arquivos da antiga Cia. Editora Nacional, mostra que, no período de fevereiro de 1967 a maio de 1974, foram comercializados 2.588.611 exemplares da coleção (p. 135).

de livros didáticos (Cia. Nacional) presente em todo o país e, ainda, o envolvimento das autoras em centros de estudos, em cursos e palestras para professores sobre matemática moderna, sua participação nas equipes de elaboração de propostas curriculares, dentre outras ações (Villela 2009, p. 140). Esses elementos todos contribuem para explicar o sucesso de uma coleção para o ensino primário completamente diferente das obras que circulavam até então pelas escolas.

A introdução dessa coleção didática constituirá ingrediente importante para modificações na cultura escolar, nos termos em que esse conceito é compreendido pelo historiador Dominique Julia (2001, p. 10): "um conjunto de *normas* que definem conhecimentos a ensinar e condutas a inculcar, e um conjunto de *práticas* que permitem a transmissão desses conhecimentos e a incorporação desses comportamentos".

Numa análise breve pode-se dizer que, pelo menos em termos de normas para o trabalho pedagógico, altera-se substantivamente a organização dos conteúdos escolares matemáticos a serem ensinados para as crianças.

O volume 1 da coleção não aborda a geometria, trabalhando com classificação de objetos de acordo com as propriedades "cor", "forma", "tamanho" etc. As primeiras propriedades postas nas seis primeiras páginas do livro 1 pedem aos alunos que estabeleçam correspondências entre as formas e as cores das figuras. Vê-se logo o momento de transição no modo de ensino de "formas". As lições de formas são consideradas uma das primeiras lições do método intuitivo, juntamente com as lições de cores. Calkins considera que:

> A forma e a cor são as duas propriedades que as crianças melhor distinguem nas coisas. Ambas tocam à vista, e são as mais cedo e mais geralmente reconhecidas. Ambas mostram-se em grande variedade por toda a parte, e abrem, portanto, amplo espaço para se educarem na criança as faculdades de observação. A essas propriedades cabe, pois, importante lugar no curso de instrução primária. (Barbosa 1950, p. 71)

Assim, cor e *forma* constituem ponto de partida desse manual inovador, que, de modo pioneiro, traz a matemática moderna para as crianças.

Uma análise mais acurada mostra, no entanto, que o emprego da cor e da forma não é feito simplesmente por serem propriedades de fácil observação para as crianças. Note-se: a atividade pede que os alunos estabeleçam relações entre as propriedades no sentido de construir a noção de *correspondência um a um entre conjuntos* e comparar o número de elementos entre os dois conjuntos. Esta é proposta central: preparar o aluno para o conceito de número como um invariante de dois conjuntos. Assim, as figuras geométricas não são empregadas com o fim de iniciar o estudo da geometria, que se dá a partir do final do volume 2, destinado ainda para o 1º ano primário.

A geometria do volume 2 restringe-se às três últimas páginas do livro com atividades contendo objetos do dia a dia, que podem representar as figuras geométricas do cubo, da esfera e do cilindro e guarda continuidade com a proposta da vaga pedagógica anterior, que enfatiza o início do estudo da geometria pela identificação das formas de objetos familiares ao mundo da criança. Os programas paulistas de 1925 e 1934 apresentam, como se viu anteriormente, a matéria denominada *forma* para o 1º e o 2º anos dos grupos escolares e para o 1º ano, as formas ensinadas são exatamente a cúbica, a esférica e a cilíndrica. Em 1949, apesar de *forma* estar inserida na matéria geometria, o início é exatamente o mesmo.

Pode-se dizer que a mudança ou alteração da proposta do ensino de geometria propriamente dita tem início no volume 3, destinado ao 2º ano primário, em que, na nota introdutória, junto com outros conteúdos, consta o item "noções de geometria". O estudo começa convidando o aluno a traçar diversos caminhos para sair de um ponto A e chegar a um ponto B. As páginas seguintes tratam de curvas abertas e fechadas, simples e não simples; interior das curvas fechadas simples para, em seguida, fechar a sequência com a apresentação dos lados retos, polígonos, triângulos e quadriláteros. A presença desses conceitos não se relaciona com a introdução feita no volume anterior, do cubo, da esfera e do cilindro. De todo modo, inaugura-se o estudo de conceitos topológicos, como *dentro, fora, aberto* e *fechado, regiões*, que se caracterizam como inovadores para o ensino primário.

Um dos exercícios do volume 3 a serem realizados pelas crianças consiste em pedir a elas que cubram de vermelho as curvas fechadas simples e de verde as curvas fechadas não simples, com base em diversas figuras, como as seguintes:

Figura 1

Para além da inserção de novos conteúdos no ensino de geometria, outra marca do MMM diz respeito ao uso da linguagem de conjuntos. Tal fato se configura como uma característica do MMM no ensino de matemática nos diferentes níveis de ensino e, como não poderia deixar de ser, insere-se também como uma forma diferenciada de abordar as relações geométricas. A observação do "Guia do professor", que acompanha a coleção *Curso moderno de matemática para o ensino de 1º grau*,[8] em relação aos segmentos de retas, exemplifica as mudanças diante da nova abordagem, de uma geometria moderna:

> Observação: Tradicionalmente dizíamos que $\overline{AB}$ é igual a $\overline{RS}$, mas desde que segmento de reta é um conjunto de pontos, não é mais possível usar-se a palavra igual, pois o conjunto de $\overline{AB}$ não tem os mesmos elementos que $\overline{RS}$. (Liberman, Bechara Sanchez e Franchi 1975, v. 2, p. 27)

---

8. A coleção *Curso moderno de matemática para a escola elementar* passa a se denominar *Curso moderno de matemática para o ensino de 1º grau* após aprovação da lei n. 5.692/71, que reúne ensino primário e ginasial em curso único de oito anos – o ensino de 1º grau. Vale também ressaltar que a autoria da professora Anna Franchi não consta em todos os volumes da coleção.

Uma atividade proposta para o 3º ano primário evidencia a presença da nova linguagem de conjuntos nas relações geométricas entre ponto e segmento, segmento e reta, entre outras:

Desenhe a reta $\overleftrightarrow{RS}$.

. S

. R

Marque um ponto M na reta $\overleftrightarrow{RS}$.
Marque um ponto L fora da reta $\overleftrightarrow{RS}$.
Trace o segmento de reta $\overline{ML}$.
Trace a reta $\overleftrightarrow{LS}$.
Coloque V (verdadeiro) ou F (falso):
O segmento $\overline{RS}$ está contido na reta $\overleftrightarrow{RS}$...
O segmento $\overline{ML}$ está contido na reta $\overleftrightarrow{RS}$...
O ponto R pertence à reta $\overleftrightarrow{RS}$...
O ponto M pertence à reta $\overleftrightarrow{RS}$...
O segmento $\overline{MR}$ está contido na reta $\overleftrightarrow{ML}$...
O ponto M pertence ao segmento $\overline{RS}$...
(Bechara e Liberman 1969, v. 4, p. 59)

Pode-se dizer que a articulação entre os conceitos topológicos e a geometria euclidiana se dá por meio da linguagem de conjuntos. Desse modo, como não se deve dizer que dois segmentos são iguais, também não se diz que ângulos são iguais ou de mesma medida; eles são chamados de ângulos congruentes. A definição de retas perpendiculares é feita no volume 5 como:

Observe a figura

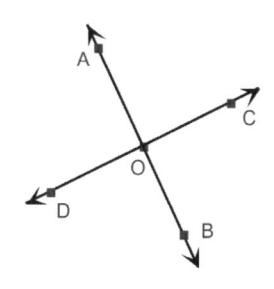

Nomeie os ângulos determinados ..., ..., ..., ...
Verifique se os quatro ângulos são congruentes.
Quando os quatro ângulos determinados por duas retas são congruentes, as duas retas são chamadas RETAS PERPENDICULARES e os quatro ângulos chamados ÂNGULOS RETOS. (Bechara Sanchez e Liberman 1972, v. 5, p. 93)

Os novos conceitos introduzidos como curvas fechadas simples e não simples antecedem ao estudo da geometria tradicional, sem, contudo, ser explorados ou revisitados no desenvolvimento da geometria euclidiana. A mudança mais evidenciada da geometria estudada se verifica na linguagem e não propriamente nos conceitos topológicos em si.

Por fim, simultaneamente à publicação da coleção *Curso moderno de matemática para a escola elementar*, vale destacar que o Programa da Escola Primária do Estado de São Paulo, publicado em 1968, tem uma das autoras, Manhúcia Perelberg Liberman, como representante do Grupo de Estudos do Ensino da Matemática (Geem),[9] na comissão de elaboração do programa. Para o ensino de geometria, o programa de 1968 apresenta os conteúdos: figuras no espaço – esfera, cilindro e cubo; figuras no plano – reconhecer quadrado, retângulo, triângulo, círculo; curvas – traçar diferentes caminhos para ir de um ponto a outro, curvas fechadas simples, contorno, reconhecer o interior e o exterior; polígonos, ponto, segmento de reta. Na argumentação pela reformulação do ensino primário, publicada junto com a segunda versão do programa, no ano de 1969, por Cândido de Oliveira, o livro didático ganha destaque: "O livro didático, então há de assumir a responsabilidade de socorrer,

---

9. O Grupo de Estudos do Ensino de Matemática foi criado em 1961 na cidade de São Paulo e teve o professor Osvaldo Sangiorgi como liderança. O grupo contou com a participação de professores universitários, professores do ensino secundário e primário, autores de livros didáticos, todos com o objetivo de incentivar, coordenar, divulgar e atualizar a matemática, bem como seu ensino, nos cursos primário, secundário e normal. Cursos para professores, palestras de professores estrangeiros no Brasil, publicação de material, tradução de livros constituíram as principais atividades desenvolvidas pelo Geem.

complementar, ir além de. Livro didático que desenvolva ponto-por-ponto, e tão-só, determinado programa, não tem valor" (1969, p. 149).

Na geometria, a coleção que inaugura as novas propostas da matemática moderna para as crianças segue muito de perto as orientações do programa paulista.

Figura 2: Capa do terceiro volume da coleção

A partir do momento em que essa coleção foi editada, os livros didáticos passaram, em tempos do MMM, a incluir temas da topologia, um novo conhecimento elementar da geometria para crianças.

A ontogênese segue a filogênese?

Psicogênese e história das ciências, escrito por Jean Piaget e Rolando Garcia, é o último livro no qual surge o nome do famoso epistemólogo suíço como autor. Publicada em 1983, a obra fora finalizada um pouco antes da morte de Piaget, ocorrida em 1980 (Keller 2001).

A *Psicogênese* representa um enorme esforço teórico de mostrar em que medida a construção do conhecimento pelo indivíduo – a aprendizagem – segue a ordem da produção histórica do saber. Dito de outro modo: como a ontogênese (desenvolvimento do indivíduo desde a fecundação até a maturidade para a reprodução) segue a filogênese (evolução das espécies). Os autores mostram o trajeto histórico que teve como etapas a geometria euclidiana, a geometria projetiva e, por fim, a topologia. Em sua conclusão o texto sintetiza:

> A geometria começa, com Euclides, por um período durante o qual se estudam as propriedades das figuras e dos corpos geométricos enquanto *relações internas* entre elementos dessas figuras e desses corpos. Não se toma em consideração o *espaço* enquanto tal, nem, por consequência, as transformações das figuras no interior e um espaço que as compreenderia todas. Chamaremos a esta fase *intrafigural*, utilizando uma expressão já utilizada em psicologia genética para dar conta do desenvolvimento das noções geométricas na criança. Vem em seguida uma etapa caracterizada por um estabelecimento de relação das figuras entre elas, cuja manifestação específica é a procura de transformações, ligando figuras segundo múltiplas formas de correspondências, mas sem chegar à subordinação das transformações às estruturas de conjunto. É o período durante o qual a geometria dominante é a geometria projetiva. Chamaremos essa fase *interfigural*. Em seguida começa uma terceira etapa, que chamaremos *transfigural*, caracterizada pela proeminência das estruturas. A expressão mais caracterizada dessa etapa é o *Programa Erlangen*, de Félix Klein. Essas três etapas, bem delimitadas na história da geometria, testemunham a evolução no processo da conceitualização das noções geométricas. (Piaget e Garcia 1987, p. 110)

Na própria síntese final do Capítulo III, os autores já antecipam os resultados a serem descritos no capítulo seguinte, quanto ao estudo da marcha da aprendizagem da geometria pelas crianças:

> O ponto da partida da análise que apresentaremos aqui é o conjunto dos conceitos desenvolvidos pela escola de Genebra através das investigações em psicologia genética. A fecundidade deste aparelho conceitual, aplicado à história da ciência, mostra não apenas a *convergência* dos estudos histórico-críticos e psicogenéticos, sustentada desde há muitos anos por um dos autores da presente obra, mas também a possível *interação* efetiva no processo de elaboração de cada um dos temas. (*Ibidem*)

Em suma, a convergência mencionada dirá respeito ao paralelo entre a ontogênese e a filogênese no que toca à geometria. A marcha da aprendizagem da geometria pelas crianças segue a evolução histórica da própria geometria. O processo de aprendizagem vai do *intrafigural* ao *transfigural*, passando pelo *interfigural*...

Um dos pontos altos do texto "Préhistoire de la géométrie: Le problème des sources", de Olivier Keller, é justamente mostrar essa contradição dos trabalhos de Piaget. Keller ressalta que o livro *Psicogênese e história das ciências* contradiz, de maneira evidente, duas das obras publicadas por Piaget anteriormente. Seja *La représentation de l'espace chez l'enfant*, publicada em 1947; seja *La géométrie spontanée de l'enfant*, publicada no ano seguinte. Diz Keller (2001): "Em 1947-48, Piaget pensava que a ordem genética e a ordem histórica eram inversas; em 1980, as mesmas experiências o conduzem a uma conclusão oposta".

A geometria de sempre: A geometria euclidiana

Mesmo em meio a um contexto revolucionário de propostas de mudança da matemática escolar, o MMM encontrou o cotidiano pronto para incorporar novos elementos da geometria sem que efetivamente tenha sido abandonada a referência da geometria euclidiana. Por entre as páginas e páginas dos livros didáticos que enfatizavam os elementos da teoria dos conjuntos, logo viria a geometria com os primeiros itens da topologia. Mas esses elementos mesclaram-se, servindo como rápida introdução para o estudo das figuras geométricas euclidianas. No caso da geometria para crianças, os rudimentos de topologia passam a ser vistos, ao que tudo indica, como uma pré-geometria, numa nova linguagem da geometria. E, neste caso, não há, nas obras didáticas, uma linha de continuidade entre elementos topológicos, projetivos e euclidianos. Apresentados alguns rudimentos de topologia, passa-se, a seguir, à geometria euclidiana, a seus rudimentos em forma escolar.

No tempo do MMM, tenta-se mostrar a ordem inversa de aprendizagem da geometria diante daquela histórica. Depois, retorna-se ao ponto inicial do paralelismo entre a ontogênese e a filogênese, já com o movimento exaurido. Para além dessas idas e vindas teóricas, a cultura escolar, abalada pelas incisivas investidas do modernismo, retoma a geometria euclidiana como forma elementar de referência para o ensino da geometria. Figuras geométricas e suas propriedades representam o saber geométrico que as crianças devem aprender na escola hoje.

É possível dizer, com o exemplo analisado, que a redefinição do elementar, dos rudimentos que devem ser ensinados para as crianças iniciarem sua incursão aos saberes científicos, não envolve tão somente os aspectos epistemológicos da pesquisa. Ressalte-se: não há uma linha de transmissão direta entre eles e as produções pedagógicas. Está presente o fenômeno da apropriação. As novas propostas e sua penetração nas salas de aula dependem de uma cultura estabelecida – a chamada *cultura escolar*. Essa cultura, por vezes, mesmo na contramão da pesquisa, faz o que o debate teórico paradoxalmente, às vezes, tende a confirmar...

4
A GEOMETRIA ESCOLAR HOJE: CONVERSAS COM O PROFESSOR QUE ENSINA MATEMÁTICA*

Paulo Figueiredo Lima
João Bosco Pitombeira de Carvalho

Vista a trajetória histórica da geometria ensinada nos primeiros anos escolares, atentemos agora para a geometria presente hoje no ensino fundamental. Que elementos de geometria hoje são considerados importantes? Que referências deverá ter o docente para seu ensino? Essas são interrogações às quais o capítulo pretende responder num diálogo com o professor que ensina matemática.

Perspectivas atuais para o ensino de geometria para crianças

No ensino inicial da geometria tem sido recomendado que procuremos valorizar a movimentação corporal, além de incentivar atividades de manuseio e de visualização de objetos do mundo físico. São também consideradas importantes as atividades que envolvam as representações

---

* Todas as figuras deste capítulo são de Oscar Pereira Neto. (N.O.)

gráficas – desenhos e outras imagens gráficas – desses objetos. Essas experiências constituem-se nas primeiras explorações e abstrações dos objetos físicos, do espaço e dos movimentos, que são fundamentais para a aprendizagem da geometria. Em particular, aquelas que envolvem as representações gráficas vão acompanhar o ensino e a aprendizagem durante toda a formação em geometria. Outros entes presentes no trato com a geometria são os da linguagem, que são relacionados, de forma intrínseca e constitutiva, aos entes acima mencionados. Nesse complexo domínio, o da linguagem, há um amplo leque de possibilidades, desde a linguagem verbal (coloquial ou técnico-científica), até o simbolismo próprio da matemática. Na sala de aula, tanto dizemos: "Observe este triângulo que desenhei", como escrevemos: "A reta r é perpendicular à reta s". Neste último caso, podemos também utilizar, em fases mais adiantadas da escolaridade, a notação simbólica escrita como: "$r \perp s$".

As experiências no mundo físico – movimentação, manuseio, visualização e representação gráfica –, todas envolvendo a percepção sensorial, são fundamentais para o ensino e a aprendizagem da geometria. Mas, além delas, é imprescindível que, simultânea e progressivamente, sejam propostas, aos alunos, atividades que favoreçam o ensino e a aprendizagem dos conceitos matemáticos associados aos fenômenos e aos objetos físicos, bem como às suas representações. Tais conceitos, e as relações entre eles, fornecem *modelos abstratos* do mundo físico ou de suas representações gráficas. Esses modelos – que são entes abstratos – fazem parte do conhecimento matemático sistematizado que deve ser adquirido ao longo das várias fases da escolaridade. Alguns desses entes matemáticos são as denominadas *figuras geométricas*: ponto, reta, plano, semirreta, triângulo, polígono, cubo, cilindro e muitos outros. Relações entre esses entes são, por exemplo: paralelismo, perpendicularidade, semelhança, simetria, e tantas outras.

Nos parágrafos anteriores, mencionamos quatro tipos de entes distintos, porém intrinsecamente relacionados entre si, que pertencem a quatro domínios: objetos físicos; imagens gráficas; entidades da geometria; linguagens (verbal ou simbólica). O desenho que segue permite uma visualização dessas ideias:

```
       ┌─────────────┐   ┌─────────────┐
       │ ENTIDADES DA│   │   IMAGENS   │
       │  GEOMETRIA  │   │   GRÁFICAS  │
       └─────────────┘   └─────────────┘
              ↘  LINGUAGENS  ↗
                ┌──────────┐
                │ OBJETOS  │
                │  FÍSICOS │
                └──────────┘
```

Figura 1

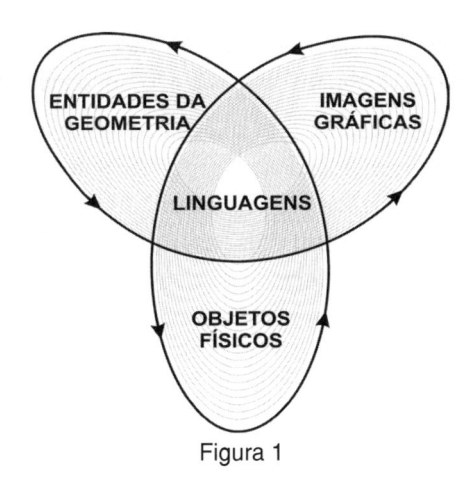

Consideremos, como exemplo no mundo físico, o objeto constituído por um dado de jogar. Esse dado ou a imagem gráfica correspondente a ele podem ser associados a um modelo abstrato, o ente matemático denominado *cubo*. O dado de jogar ou a representação gráfica são perceptíveis pelos sentidos, mas o cubo é um ente ideal, concebido com base em definições e em raciocínios lógicos. Ao usarmos as linguagens (verbal ou simbólica), designamos os citados entes e, mais ainda, estabelecemos as conexões entre eles. A passagem do físico e perceptível para o abstrato é um dos objetivos centrais do ensino e da aprendizagem da geometria, e isso nunca deve ser perdido de vista. Convém observar que as imagens gráficas – desenhos ou outras imagens – constituem-se em um importante nível intermediário de abstração entre os objetos físicos e os entes puramente matemáticos. Vale notar, também, que as entidades da geometria, abstratas, podem ser concebidas mentalmente, mas só podem ser representadas imperfeitamente no mundo físico.

Uma observação a ser feita sobre linguagem é que, em muitas situações, empregamos os mesmos termos para designar ora o objeto físico, ora sua representação gráfica, ora o conceito matemático. Um professor pode dizer "O cubo cinza é o último da pilha", ao chamar a atenção para o desenho de um cubo. Uma pessoa pode pedir que coloquem "quatro cubos de gelo" no seu copo. No primeiro exemplo, o professor está referindo-se ao desenho de um cubo e não a um cubo; no segundo caso, cubos de gelo são objetos físicos e não um conceito geométrico.

Devemos ter presente que não há nenhum inconveniente no emprego dos termos mencionados no parágrafo anterior, pois o contexto em que são usados, quase sempre, tira a ambiguidade que possa surgir. O que importa é que saibamos, em cada caso, a que tipo de objeto os termos se referem. Afinal, no seu cotidiano, as crianças estão familiarizadas com o emprego das mesmas palavras para designar coisas diferentes.

A ideia de dimensão em geometria

As primeiras experiências sensoriais e mentais produzem, nos seres humanos, a percepção de um mundo tridimensional. Os deslocamentos no espaço, as impressões visuais e táteis na presença dos objetos do mundo físico progressivamente vão constituindo, em nós, a noção de um espaço ambiente tridimensional. Nele, temos a noção intuitiva de que podemos nos mover, partindo de um ponto no seu interior, no máximo, em três direções mutuamente perpendiculares, sem "sair do espaço".

Se observarmos mais detidamente, no interior desse espaço tridimensional encontram-se certos objetos maciços, nos quais podemos também conceber que um ser imaginário poderia deslocar-se, pelo menos "um pouco", em três direções mutuamente perpendiculares, partindo de um ponto no seu interior, sem "sair" do interior de tal objeto. Pensemos, por exemplo, em: bolas de gude, tijolos, toras de madeira, pirâmides do Egito antigo, planetas do sistema solar. Os modelos abstratos para esses objetos são exemplos de figuras geométricas tridimensionais.

No entanto, simultaneamente, entramos em contato com objetos do mundo físico cujos modelos geométricos são bidimensionais. O tampo de uma mesa sobre o qual podemos passar nossas mãos, cada face de uma folha de papel em que escrevemos ou desenhamos são exemplos concretos de figuras geométricas denominadas *superfícies*. Nos exemplos citados, temos modelos concretos de uma *superfície plana*, cuja característica fundamental é estar contida em um plano.

Em muitas situações, a própria folha de papel pode ser considerada um exemplo concreto de uma superfície plana. Isso corresponde a desprezar a espessura da folha de papel.

Mas, no nosso espaço ambiente, há também exemplos concretos de uma *superfície não plana*. Nesses casos, o que a caracteriza é que *nenhum plano a contém*. A parte externa lateral de uma lata cilíndrica ou a parte superior de uma telha ondulada são dois desses modelos concretos. De modo análogo ao da folha de papel, desprezando-se as espessuras, podemos considerar a própria parte lateral de uma lata cilíndrica ou a própria telha ondulada como materializações de superfícies não planas.

Intuitivamente, o que caracteriza a bidimensionalidade é que um ser imaginário situado nessas superfícies, fora de suas bordas, pode deslocar-se, no máximo, em duas direções perpendiculares entre si, sem que ele "saia" da superfície. Ainda em linguagem coloquial, diríamos que já não há mais espaço para três deslocamentos mutuamente perpendiculares, ainda que "pequenos", sem que "saia" o objeto em questão. Para exemplificar as ideias acima, tomemos uma caixa de papelão, supostamente vazia:

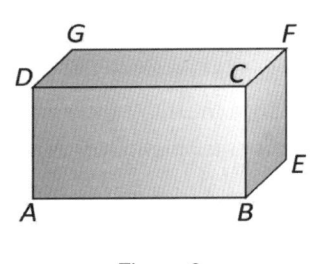

Figura 2

É interessante notar que esse objeto físico, apesar de simples e familiar, permite a exploração de muitas das ideias geométricas complexas que o professor deve gradualmente construir com seus alunos. Comecemos por indicar que um modelo geométrico correspondente a essa caixa é uma superfície não plana, fechada, composta por partes planas, denominadas *faces*. Tal superfície é um ente geométrico bidimensional, e também são bidimensionais as suas seis faces. No entanto, se juntarmos

A geometria nos primeiros anos escolares 87

à caixa o seu interior, teremos toda a região do espaço cujo modelo geométrico é uma figura geométrica tridimensional. Essa região do espaço é ocupada por cartolina (a caixa) e por ar (o interior da caixa). O modelo matemático para essa região é o mesmo quando se trata de um bloco maciço de massa de modelar do mesmo tipo que a caixa e seu interior. E a identidade de modelos, nos dois casos em foco, reflete-se na linguagem utilizada. Em ambos os casos, dizemos que temos um *paralelepípedo retângulo* ou um *bloco retangular*. Não devemos nos esquecer de que não há nenhum prejuízo didático em utilizarmos os mesmos termos para nos referirmos a objetos diferentes. O mesmo não se pode dizer se nos referirmos, sem as devidas cautelas, a atividades que envolvem conceitos específicos de cada um dos contextos dimensionais. É o caso da planificação, que faz sentido se o paralelepípedo retângulo (bloco retangular) em consideração for uma superfície, e não faz sentido se for uma superfície fechada e seu interior.

Podemos, a esta altura, constatar a existência de múltiplos significados que podem ser atribuídos, em geometria, a uma única expressão como "paralelepípedo retângulo". Se levarmos em conta as considerações da seção anterior, a expressão em língua materna "paralelepípedo retângulo" pode referir-se a um objeto físico, a um desenho desse objeto ou a uma figura geométrica. Além disso, pelo que dissemos na presente seção, a mesma expressão pode designar tanto um objeto bidimensional como um objeto tridimensional.

Do ponto de vista didático, é oportuno dizer que a unicidade da expressão "paralelepípedo retângulo" não deve esconder a multiplicidade de conceitos geométricos a que se pode referir. Isso implica um planejamento didático cuidadoso. No entanto, nesse planejamento é indispensável não levar para a sala de aula, diretamente e com a nomenclatura acadêmica aqui empregada, os complexos conceitos discutidos, mas incorporá-los a atividades apropriadas e traduzi-los para uma linguagem mais familiar aos alunos.

Se prosseguirmos nesta reflexão, observaremos que há, também, no mundo que nos rodeia, objetos físicos, cujos correspondentes abstratos são figuras geométricas unidimensionais. As "quinas" das paredes em nossas casas são exemplos concretos de figuras geométricas unidimensionais, os *segmentos de reta*. Em geometria, essas figuras são denominadas *arestas*. No exemplo da caixa de cartolina, as arestas são representadas pelos 12 encontros de duas de suas seis faces. Um segmento de reta é uma figura geométrica plana. Também é uma figura geométrica plana a reunião de dois segmentos de uma mesma reta ou de duas retas concorrentes. Mas há figuras geométricas formadas por dois segmentos de reta que não se constituem em uma figura plana, embora esta seja unidimensional. A *linha quebrada* DAB na Figura 2 é uma figura geométrica plana e unidimensional. Já a reunião dos segmentos de reta AB com o segmento de reta EF é uma figura geométrica unidimensional e não plana, pois não existe nenhum plano que contenha esses dois segmentos. Ainda na Figura 2, outros exemplos de figuras geométricas unidimensionais são: a) linha quebrada ABCD, que é plana; b) linha quebrada ABCF, que é não plana.

Em outros contextos físicos, existem modelos concretos de objetos geométricos unidimensionais, comumente chamados de *curvas*, que não são formados apenas por segmentos de reta. Por exemplo, o contorno de um DVD ou um cordão sinuoso sobre uma mesa são materializações de curvas. Essas são curvas planas, mas há também as não planas, como bordas de uma flor ou de uma hélice. Existem, assim, figuras geométricas curvas, unidimensionais e não planas.

E não paramos nos objetos unidimensionais. Quando escolhemos uma das "pontas" da caixa da Figura 2, que é o encontro de três de suas arestas, ou quando selecionamos o ponto final que encerra a frase anterior, temos dois exemplos de objetos físicos que, no mundo abstrato da geometria, estão associados a *pontos*. No exemplo da Figura 2, tais pontos recebem o nome particular de *vértices*. Em matemática, qualquer conjunto finito de pontos é considerado uma figura geométrica de dimensão zero. Desse modo, o conjunto dos vértices do paralelepípedo da Figura 2 é *zero-dimensional*. Além disso, tal figura geométrica constituída de pontos isolados não é plana.

Em suma, na geometria escolar, lidamos com figuras geométricas de *dimensão* 0, 1, 2 ou 3 e, também, com os objetos do mundo físico a elas associados. Além dessa classificação, vimos outras: figuras geométricas *planas* e figuras geométricas *não planas*, estas últimas mais comumente chamadas de *figuras geométricas espaciais*. Portanto, as figuras geométricas repartem-se em duas categorias: planas e espaciais. Nos parágrafos precedentes, procuramos mostrar que não são simples as relações entre essas duas classificações de figuras geométricas (ou de seus representantes). Por isso, é necessária cautela no ensino dessas classificações, para que seja favorecida a formação escolar em geometria. Por exemplo, mostramos que há figuras espaciais que são de dimensão 3, 2, 1 ou 0. No entanto, uma figura geométrica tridimensional é necessariamente espacial (não plana). Esses fatos, de difícil aprendizagem pelos estudantes do ensino fundamental, indicam que, nessa fase, deve ser priorizada a classificação das figuras geométricas em planas e espaciais, em detrimento da classificação com base na ideia de dimensão.

Outra questão de classificação diz respeito ao emprego frequente da expressão "sólido geométrico" para designar objetos geométricos espaciais de um tipo especial, com contorno formado por uma superfície limitada e fechada, a exemplo de um paralelepípedo ou de uma esfera. Embora o emprego da expressão "sólido geométrico" seja legitimado por seu uso na matemática, devemos estar atentos para o fato de que o termo "sólido" na expressão acima não se refere ao conceito de estado sólido da física.

As reflexões acima justificam a ideia de que, na formação geométrica inicial, devemos fazer uma *abordagem integrada* das figuras geométricas espaciais e das figuras geométricas planas. Essa concepção didática contrapõe-se ao que se recomendou, durante algum tempo, que era partir das figuras geométricas planas e depois estudar as espaciais. Ou, mesmo, partir das espaciais para as planas.

Além disso, a maior complexidade da aprendizagem do conceito de *dimensão* de uma figura geométrica requer bastante atenção do professor e mesmo dos autores de livros didáticos. É defensável, até mesmo, não tratar do conceito nos anos iniciais ou, alternativamente, cuidar para que, quando abordado, sejam substituídos termos técnicos, como "zero-dimensional", "unidimensional", "bidimensional", "tridimensional", por linguagem mais informal: "o ponto não tem dimensão", "objeto linear", "casca", "objeto 2D", "objeto maciço", "objeto 3D" etc.

Na abordagem das figuras geométricas espaciais de modo integrado com as figuras planas, desempenham um papel central os inúmeros *jogos* ou atividades com *materiais concretos* que podem ser experimentados na escola. Os jogos que envolvem movimento e localização das crianças, a montagem de modelos concretos de figuras geométricas com canudos de refrigerantes, com garrafas *pet* ou com sucata, além de muitas outras atividades desse tipo, devem ser estimulados no ensino. Cabe um lugar de destaque às *atividades de desenho*. Desde os rabiscos espontâneos, aos desenhos mais precisos, feitos com o auxílio de instrumentos simples e adequados à faixa etária, existe um vasto repertório de atividades escolares que auxiliam a criança a representar os objetos ao seu redor e a compreender as propriedades geométricas das figuras desenhadas ou reproduzidas em imagens gráficas. Para ajudar as crianças a integrar as figuras espaciais com figuras planas têm sido recomendadas atividades de desenho de faces, de arestas e até mesmo de vértices de modelos concretos de poliedros.

As representações em geometria

Já dissemos que, desde cedo, as crianças começam o aprendizado dos movimentos, da localização e do reconhecimento de seres e de objetos do espaço em seu entorno. Essas são as primeiras percepções que a criança experimenta em contato com o mundo. Cabe à escola o importante papel de organizar e aprofundar o conhecimento geométrico iniciado com essas percepções.

Um dos conteúdos centrais da formação escolar são as representações dos seres e dos objetos do espaço ao nosso redor. As mais frequentes são os desenhos ou outras imagens gráficas, entre elas as fotografias. Atualmente, ganham relevância a utilização de programas de computador ou o uso de outros recursos digitais para a elaboração de desenhos ou de outras imagens gráficas. Há, ainda, as representações que podem ser obtidas com o auxílio de objetos, como os modelos de madeira, de papelão ou de outro material apropriado e, também, com apoio em maquetes. Destacam-se, ainda, as atividades de planificação de sólidos geométricos, de montagem por meio de recorte e colagem e as que recorrem ao origâmi. Todas são importantes do ponto de vista da formação geométrica e, ainda, para o desenvolvimento de habilidades motoras na criança.

Em todas as atividades mencionadas acima, o conhecimento geométrico é construído, gradativamente, com o auxílio de representações dos objetos do mundo físico oferecidas por imagens gráficas ou por modelos materiais e, nesse processo, o sentido da visão desempenha um papel destacado. Por isso, convém tecer alguns comentários sobre a noção de *visualização*.

Todos sabemos que as percepções provenientes dos sentidos do tato e da visão cumprem uma função fundamental na constituição de nosso pensamento geométrico. E essa é uma herança, como se viu em capítulo anterior, longínqua. Por brevidade, aqui comentaremos apenas algumas questões que envolvem mais diretamente o sentido da visão. O seu papel na formação do pensamento geométrico está relacionado a duas capacidades estreitamente interdependentes, a seguir comentadas (Bishop 1983).

Por um lado, captar e interpretar as informações provenientes do mundo que nos cerca e que são mediadas pela visão humana, bem como constituir imagens mentais e ideias baseadas nessas informações. Por outro lado, traduzir as imagens mentais e as ideias em objetos visíveis.

Podemos dizer que a primeira é a capacidade de *ver* os objetos (físicos ou gráficos), o movimento e o espaço físico e de *gerar imagens mentais*. Por exemplo, ao olharmos uma bola de futebol criamos a imagem mental de um objeto com propriedades bem especiais, apropriadas para realizar movimentos muito variados. Mas, também, podemos fazer a imagem mental de um objeto geométrico – uma superfície esférica – que é uma abstração da bola de futebol e é definido como a região do espaço tridimensional constituída pelos pontos que distam igualmente de um ponto dado.

A segunda capacidade é a de *tornar visíveis* nossas ideias e imagens mentais, por meio de objetos físicos ou de representações gráficas. Por exemplo, podemos considerar o esquema apresentado na Figura 1 como uma maneira de tornar visíveis ideias abstratas a respeito dos entes geométricos. Essa última capacidade tem sido denominada, em muitos campos científicos, de visualização, embora, em outros, também a primeira delas receba a mesma denominação. O que podemos dizer, sem dúvida, é que a formação do pensamento geométrico das pessoas dotadas de visão é inseparável dessas duas capacidades.

Um exemplo de interação das duas capacidades referidas é relacionado com as atividades de representação gráfica de objetos espaciais por meio de desenhos ou de outras imagens gráficas que se realizam em uma superfície plana.

Diante de um objeto espacial representado por uma imagem gráfica plana – desenho, foto, pintura etc. –, precisamos realizar operações visuais e cognitivas bastante complexas para criar a imagem mental correspondente ao objeto e compreender suas propriedades geométricas, seus usos e seus possíveis significados. Essa complexidade advém, entre outros, do fato de que a imagem gráfica é produzida em superfícies planas, enquanto o objeto é espacial. Essa "compressão" do espaço no plano gera uma perda de informação sobre o objeto representado. Tal fenômeno é de suma importância na aprendizagem da geometria, e, por isso, nos deteremos um pouco mais sobre ele.

Representações gráficas por meio de projeções

É sabido que, desde a pré-história, o homem utilizou imagens gráficas para representar seres e objetos em superfícies, como meio de registro e de comunicação. Observar a evolução dessas representações faz parte dos estudos do desenvolvimento histórico das tecnologias de produção de imagens gráficas. Em particular, ao longo dessa evolução, foram inventadas as *técnicas de projeção* para tornar a imagem gráfica "mais parecida" com aquilo que o observador humano vê diante de uma cena do mundo, com seus objetos físicos e com o espaço que o circunda. Não podemos esquecer que também foram criadas, progressivamente, técnicas que recorrem a cores e a representação de luz e sombra, entre outras.

As representações gráficas por meio de projeções evoluíram, em particular a partir do Renascimento, e vêm sendo amplamente empregadas na construção de imagens gráficas. Atualmente, predominam, em particular, as que são produzidas com o emprego das técnicas da computação gráfica. Sabemos que essas últimas técnicas incorporam, ainda, às imagens gráficas, as cores ou a representação de luz e sombra. Vejamos um exemplo:

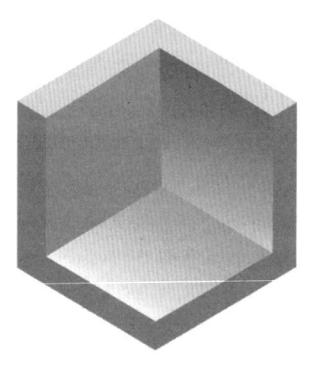

Figura 3

A percepção visual da imagem na Figura 3 nos dá a impressão de que o objeto por ela representado é um objeto espacial. Tão significativa é essa impressão que, no campo da computação gráfica, essa imagem é denominada "imagem 3D". Essa terminologia, embora justificável no referido campo técnico-científico, deve ser bem discutida com estudantes do ensino fundamental, para que fique claro que se trata, de fato, de um "falso 3D": imagens como as da Figura 3 são planas e bidimensionais.[1]

---

1. Não devemos confundir as imagens gráficas em "falso 3D", com as mais recentes "impressões" em 3D obtidas por meio de impressoras que, efetivamente, modelam objetos 3D, maciços, esculpindo-os em material plástico, posteriormente solidificado.

A despeito de ser possível obter muitas informações com base na Figura 3, elas não são suficientes para decidirmos se o objeto representado é maciço, tridimensional, ou é uma "casca" bidimensional. Para buscar compreender as ideias iniciais sobre perspectivas, será útil retomarmos o esquema da Figura 1, dos quatro domínios. No domínio físico, tomemos uma *cena espacial* como é percebida, usualmente, por uma pessoa. Em tal cena podem ser identificados objetos físicos e o espaço em que se situam ou se movem esses objetos. Aqui estamos nos referindo a percepções de uma pessoa em uma situação cotidiana, em meio a uma sala de aula, por exemplo. Podemos construir um *cenário matemático tridimensional*, que é um (macro)modelo matemático composto por três modelos para:

a) o espaço físico;
b) os objetos físicos;
c) as transformações dos objetos no espaço.

Um modelo matemático para o *espaço físico* é o *espaço euclidiano tridimensional*, constituído por pontos, acompanhado de um *referencial orientado*. Para uma definição rigorosa do conceito de referencial orientado precisaríamos recorrer a conceitos matemáticos mais avançados. Mas, para os propósitos deste capítulo, basta supor que a orientação do espaço pode ser obtida pela escolha de três eixos, perpendiculares dois a dois, e designados na sequência: 1º, o eixo dos x; 2º, o eixo dos y; e 3º, o eixo dos z. Com esse sistema orientado de eixos, cada ponto X_0 do espaço corresponde a uma, e uma só, sequência (x_0, y_0, z_0). Representamos tal correspondência escrevendo: $X_0 (x_0, y_0, z_0)$.

Os *objetos físicos* são modelizados pelas *figuras geométricas*, como, por exemplo, pontos, retas, planos, triângulos, prismas, cones, entre muitos outros.

Com respeito a modelos matemáticos para as *transformações* recorremos às *funções matemáticas*, que são usadas para modelizar, por exemplo, movimentos rígidos, deformações, projeções etc. Para os fins desta seção, vamos concentrar-nos nas *projeções*, particularmente naquelas com projetantes retilíneas.

As projeções são, de fato, as transformações matemáticas-chave para a "compressão" do cenário espacial, com seus objetos, em um cenário plano. São elas que vão permitir construir as diversas representações gráficas que devem ser ensinadas na escola. Dada a sua relevância, cabe uma atenção especial a essas projeções.

Todas as representações gráficas de interesse na formação escolar são de duas categorias apenas:

a) projeções determinadas por linhas retas paralelas entre si: *projeções cilíndricas*. Como subtipos das projeções cilíndricas, temos:

a_1) projeções cilíndricas *ortogonais* ao plano de projeção;

a_2) projeções cilíndricas *não ortogonais* (oblíquas) ao plano de projeção;

b) projeções determinadas por linhas retas que emanam de um ponto: *projeções cônicas*.[2] Há três subtipos de projeções desta categoria:

b_1) projeções cônicas com um ponto de projeção;

b_2) projeções cônicas com dois pontos de projeção;

b_3) projeções cônicas com três pontos de projeção.

Retomemos o referencial orientado Oxyz. Os três eixos que partem da origem *O* formam três planos ortogonais dois a dois, que são escolhidos como planos de projeção para a obtenção de representações planas da cena

---

2. As projeções cilíndricas também são chamadas de *projeções paralelas* e as projeções cônicas de *projeções centrais*.

espacial. Em geral, tais planos são denominados *planos coordenados*, e podemos, ainda, nos referir ao conjunto dos três planos coordenados como o *triedro de referência* para as projeções. Em muitas das técnicas de representação, recorre-se apenas a um dos três planos coordenados, razão pela qual destacamos apenas um deles no desenho abaixo.

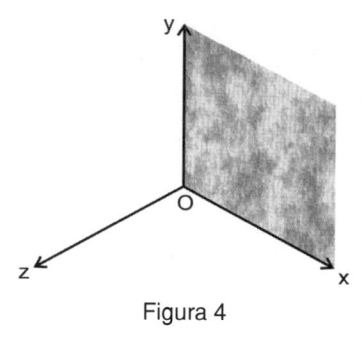

Figura 4

No que tange aos objetos ou a regiões limitadas da cena real, um recurso importante para a compreensão e a execução das técnicas de representação é escolher um paralelepípedo retângulo que envolva totalmente o objeto ou a região da cena a ser representado. Cuida-se, além disso, de escolher um paralelepípedo retângulo envolvente "menor" possível e com faces "ajustadas" ao contorno do que deve ser representado. Em Costa e Costa (1996) tal paralelepípedo é denominado *paralelepípedo de referência*, designação que será adotada neste texto. Vejamos, a seguir, o exemplo do paralelepípedo de referência correspondente a uma figura geométrica espacial:

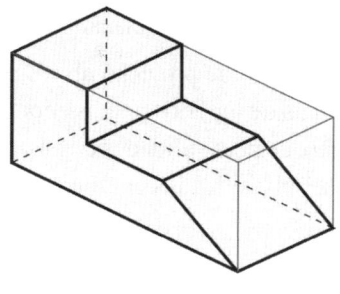

Figura 5

Além disso, agrega-se a esse sólido geométrico um segundo referencial orientado, com origem P, em um dos vértices do paralelepípedo de referência, e com seus três eixos ortogonais dois a dois apoiados nas arestas que emanam do vértice escolhido: 1º, o eixo dos x'; 2º, o eixo dos y'; e 3º, o eixo dos z'. Uma das finalidades da escolha desse novo referencial é a de permitir que seja estabelecida a posição do paralelepípedo de referência em relação ao referencial Oxyz pela escolha das coordenadas do ponto P e das direções dos eixos do novo referencial Px'y'z'. A despeito de ser parte integrante das representações em estudos mais avançados, no ensino fundamental, podemos prescindir de discutir a construção desse segundo referencial:

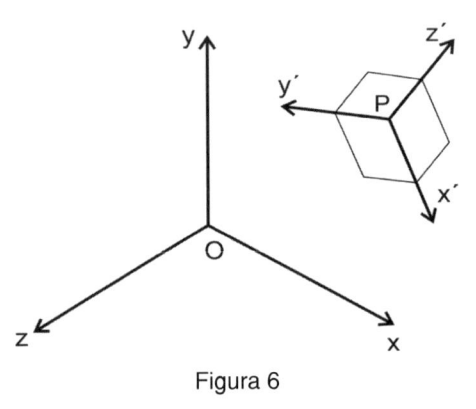

Figura 6

Com referência à Figura 6, podemos escolher arbitrariamente o ponto O e os eixos de coordenadas, mantida a condição de ortogonalidade entre dois quaisquer desses eixos. Além disso, é livre a escolha da posição do paralelepípedo de referência com relação ao referencial Oxyz.

Além disso, para plano de projeção do sólido fundamental, pode ser escolhido um (ou mais de um) dos planos coordenados. Com relação a esse plano de projeção, as possibilidades de posição do paralelepípedo de referência podem ser classificadas em duas categorias:

- pelo menos uma das faces do paralelepípedo de referência é paralela ao plano de projeção;

- as faces do paralelepípedo de referência não são paralelas ao plano de projeção.

Perspectivas

Considerando todas as escolhas dos três elementos – referencial, tipo de projeção e posição do paralelepípedo de referência –, temos uma multiplicidade infinita de possíveis representações de uma figura espacial sobre planos de projeção. É claro que as categorias acima apresentadas são úteis para tornar possível classificar tais representações em uma número reduzido de tipos a serem estudados e empregados em vários campos tecnológicos. O estudo de todos esses tipos de representação gráfica extrapola, em muito, os objetivos do ensino fundamental, embora se justifiquem atividades que promovam, nos alunos, a iniciação e o desenvolvimento de competências nesse âmbito. Por isso, cabe discutir um pouco mais o tema, nos parágrafos seguintes. Serão abordados apenas alguns tipos de representação por meio de projeções que são as mais frequentes em livros didáticos.

A primeira é uma representação obtida por projeção cilíndrica ortogonal, na qual o paralelepípedo de referência não tem faces paralelas ao plano de projeção. A representação resultante é denominada uma *perspectiva axonométrica*.[3] A Figura 7, a seguir, mostra-nos esse tipo de perspectiva.

Nela, podemos observar que o desenho do paralelepípedo de referência no plano de projeção permite identificar propriedades geométricas relativas à figura espacial e, por isso, é útil para o conhecimento dessas propriedades. Mas é indispensável saber que não podemos, apenas com base em tal desenho, conhecer propriedades métricas da figura espacial. A projeção não preserva, em geral, os comprimentos medidos na figura espacial, nem as medidas de ângulos

---

3. Nem sempre há concordância entre os autores quanto ao uso do termo *perspectiva*. Seguimos os que o empregam para designar todas as representações por meio de projeções, exceto as chamadas de *vistas*, e que serão abordadas adiante, neste texto.

que se podem considerar nessa figura geométrica. Extrair informações métricas com base em tais projeções só é possível quando são fornecidas as medidas dos ângulos que os eixos do referencial Px'y'z', agregado ao paralelepípedo de referência, fazem com os planos do referencial Oxyz. Lembramos que atividades envolvendo o conhecimento dessas medidas dos citados ângulos são prematuras no ensino fundamental.

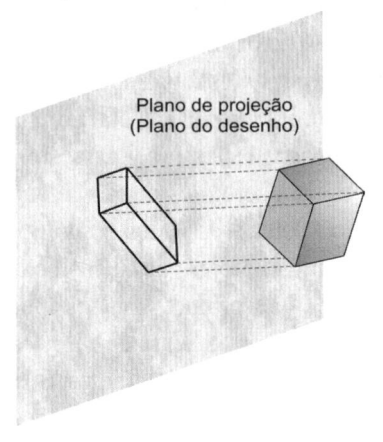

Figura 7

Nos primeiros anos escolares, o importante é tratar os desenhos diretamente no plano de projeção. Nesse plano, o paralelepípedo de referência pode ser desenhado em várias perspectivas axonométricas, cada uma delas permitindo destacar mais algumas de suas faces. Além disso, é importante que nos atenhamos a extrair propriedades geométricas não métricas. Os desenhos a seguir, nos quais são incluídas figuras geométricas espaciais e paralelepípedos de referência correspondentes, são exemplos de perspectivas axonométricas:

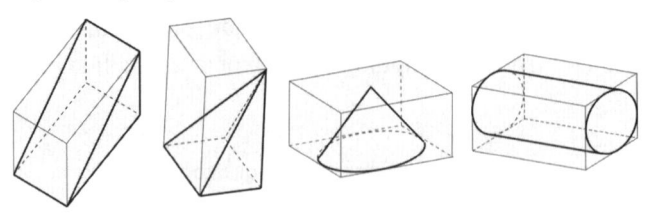

Figura 8

Para muitos alunos a aquisição da competência de desenhar perspectivas de figuras espaciais ocorre de modo bastante lento. Assim, no ensino fundamental, é recomendável partir das representações espontâneas dos alunos e, progressivamente, promover o emprego das perspectivas. Um recurso útil nesse processo é o emprego de malhas quadradas ou triangulares, como vemos a seguir:

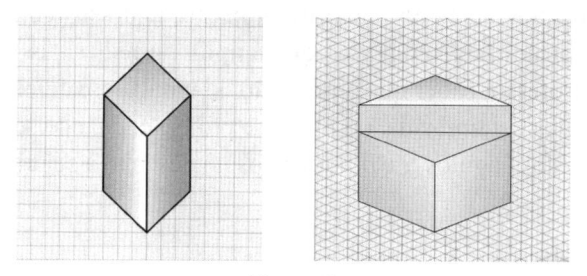

Figura 9

O segundo tipo de representação é obtido por uma projeção cilíndrica não ortogonal ao plano de projeção, tomando-se uma das faces do paralelepípedo de referência paralela ao plano de projeção. A Figura 10 permite-nos visualizar esse tipo de representação.

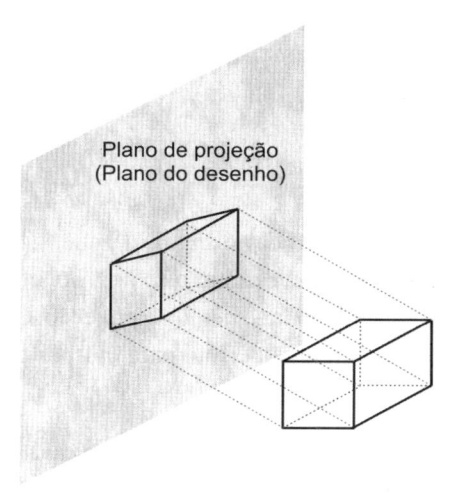

Figura 10

Nas figuras geométricas projetadas, mais uma vez, há comprimentos de segmentos de reta que não são iguais aos comprimentos dos segmentos correspondentes nas figuras espaciais. No caso da projeção cilíndrica oblíqua, apenas os segmentos contidos nas arestas paralelas ao plano de projeção são projetados em *verdadeira grandeza*.[4] Os segmentos de reta contidos nas demais arestas do paralelepípedo de referência, que sabemos serem perpendiculares ao plano de projeção, têm seus comprimentos afetados por um fator numérico que amplia ou reduz tais segmentos. É útil ao professor saber que a projeção de um dado paralelepípedo de referência fica determinada, no plano de projeção, quando se conhecem as medidas dos ângulos α e β, indicados no desenho a seguir:

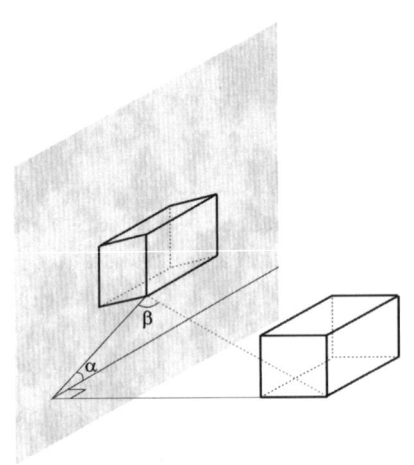

Figura 11

O conhecimento da medida do ângulo β é que vai nos permitir saber qual o fator numérico[5] que deve afetar os comprimentos dos segmentos de reta de direção perpendicular ao plano de projeção. Como já dissemos, o comprimento dos segmentos de reta paralelos ao plano de projeção

---

4. Expressão usada no campo das representações gráficas para indicar que comprimentos dos segmentos de reta no espaço são iguais aos comprimentos de suas projeções.
5. Devemos multiplicar por tg^β o comprimento de um segmento de reta de direção perpendicular ao plano de projeção para ter o comprimento do segmento quando projetado.

não é alterado quando estes são projetados sobre esse plano. Quanto à medida do ângulo α, os valores mais empregados são 45^0, 30^0 e 60^0, mas outros valores são admissíveis.[6]

No ensino fundamental, particularmente nos ciclos iniciais, não é adequado tratar das justificativas das representações gráficas, ainda que de forma simplificada, como fazemos neste texto, e devemos nos restringir a trabalhar diretamente no plano de projeção. Na Figura 12, a seguir, são dados exemplos de perspectivas nas quais o paralelepípedo de referência é também representado.

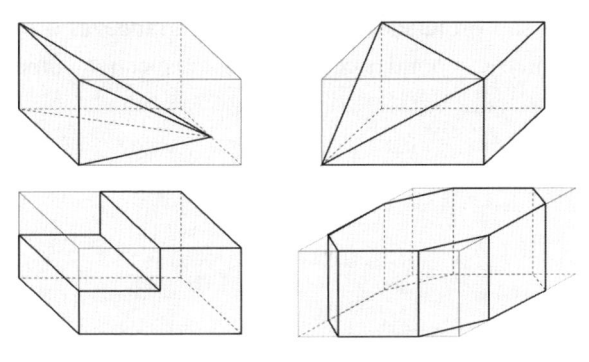

Figura 12

Podemos, também no caso dessas perspectivas, recorrer ao papel quadriculado, como é mostrado na Figura 13, a seguir:

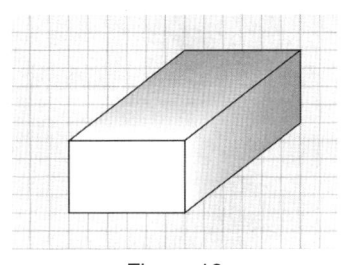

Figura 13

---

6. Quando usamos um ângulo α de medida 450 e adotamos $tg^\beta = 1$, temos o que se chama uma *perspectiva cavaleira*, comum em textos de matemática.

A geometria nos primeiros anos escolares 103

Um terceiro tipo de perspectiva por vezes abordado no ensino fundamental é a perspectiva cônica, obtida por meio de uma projeção central sobre o plano de projeção. Mostramos dois exemplos dessa perspectiva e indicamos, nas Figuras 14 e 15, alguns de seus elementos, como o *centro de projeção* e sua projeção ortogonal sobre o plano de projeção, chamada de *ponto de fuga*. Adotamos apenas um centro de projeção, mas é possível escolher dois ou três desses centros. É sempre possível escolher o plano do desenho de modo que uma das arestas do paralelepípedo de referência seja projetada na direção vertical em tal plano. Convém notar que, ainda neste caso, as figuras geométricas espaciais não são projetadas em verdadeira grandeza, o que afeta as informações métricas obtidas com base na perspectiva cônica.

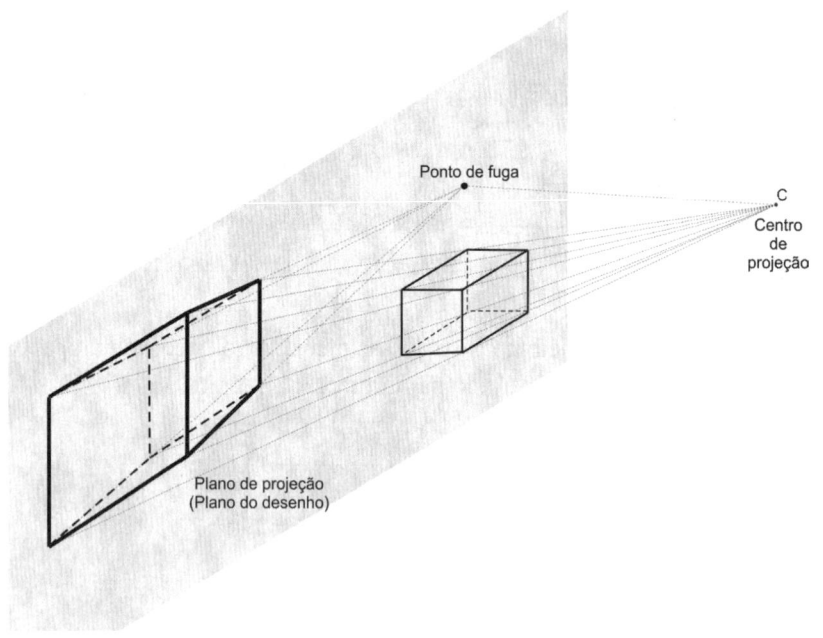

Figura 14

Podem ser propostas atividades acessíveis a alunos do ensino fundamental se as escolhas recaírem sobre paralelepípedos de referência com uma de suas faces paralela ao plano de projeção (plano do desenho).

Essa face será projetada como um retângulo com lados horizontais ou verticais. Caso se tome, no plano, um ponto de fuga qualquer, é possível construir a projeção cônica desse paralelepípedo e do sólido a ele associado, como mostramos na Figura 15.

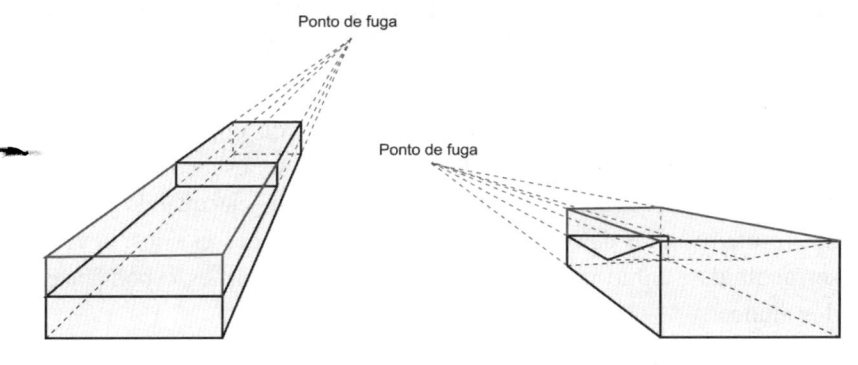

Figura 15

Outro tipo de representação de figuras espaciais por meio de projeções é o que tem sido denominado de *vistas*, nos livros didáticos destinados ao ensino fundamental. Em face do destaque que vem sendo dado em tais livros a essa categoria de representação vamos nos deter um pouco mais sobre ela.

Vistas múltiplas de uma figura geométrica

Alguns comentários que faremos nos parágrafos seguintes aplicam-se também às representações gráficas anteriores, mas ganham especial relevância quando tratamos das *vistas múltiplas*.[7]

De início, uma questão de linguagem. Dado que as figuras geométricas são concebidas como entidades abstratas que modelizam objetos físicos imersos em um cenário real, por vezes diremos que as representações gráficas referem-se aos próprios objetos físicos.

---
7. Nas obras técnicas estas representações têm sido denominadas *vistas ortográficas múltiplas*.

Em seguida, convém destacar duas finalidades gerais das representações gráficas de objetos espaciais. Uma é contribuir para o conhecimento das propriedades geométricas do objeto representado e a outra é comunicar essas propriedades. Os vários estágios do conhecimento que detém o interlocutor-alvo da comunicação condicionam fortemente o tipo de tratamento das representações gráficas para que tais finalidades sejam atingidas.

Nos níveis iniciais de conhecimento e de comunicação das propriedades das figuras geométricas espaciais os esboços feitos em perspectivas pouco rigorosas são adequados, em especial quando se trata dos primeiros anos da escolaridade. Sabemos que, nesses anos, devem ser acolhidas, como ponto de partida, as representações espontâneas dos alunos.

Nos campos tecnológicos, no entanto, são requeridos procedimentos que permitam maior conhecimento do objeto físico representado, e o objetivo precípuo é que a representação gráfica torne possível a reprodução do objeto físico na sua ausência. Em particular, na construção de edificações e na fabricação de peças nas indústrias impõem-se exigências não só relativas às formas, mas também às propriedades métricas pertinentes aos objetos. Em face da limitação essencial das representações gráficas relativas à reprodução em verdadeira grandeza, inúmeros recursos são empregados com o objetivo de reconstituir o objeto físico espacial com base em suas representações gráficas.

Nos domínios da tecnologia, são empregadas, com o rigor apropriado, as perspectivas já mencionadas e, frequentemente, as vistas múltiplas. Mas há, também, outros recursos gráficos. Por exemplo, utilizam-se, simultaneamente, perspectivas e vistas múltiplas de um mesmo objeto físico. Por vezes, as perspectivas e vistas são acompanhadas de comprimentos medidos nos objetos representados, o que se denomina de representação gráfica *cotada*. Há, ainda, os *cortes*, os *rebatimentos* e o emprego de *cores* ou de efeitos de *luz* e *sombra*.

Propomos que alguns dos procedimentos utilizados no âmbito tecnológico sejam abordados em etapas posteriores ao ensino fundamental. Em particular, julgamos que o tratamento das vistas múltiplas não é oportuno nos anos iniciais. No entanto, observamos que, frequentemente, os livros didáticos para essa fase da escolaridade trazem esse tópico – e muitas vezes tratado de modo inadequado. Para justificar a crítica, precisamos comentar um pouco mais sobre esse tipo de representação gráfica.

De início, posicionamos o paralelepípedo de referência de modo que cada uma de suas faces seja paralela a um dos planos de projeção do referencial básico de projeção, e, em seguida, recorremos a projeções paralelas ortogonais a esses planos. Formamos, então, o que se convencionou chamar de vistas múltiplas.

A Figura 16, a seguir, mostra-nos um exemplo de representação por meio de três vistas de uma figura geométrica e do paralelepípedo de referência a ela associado.

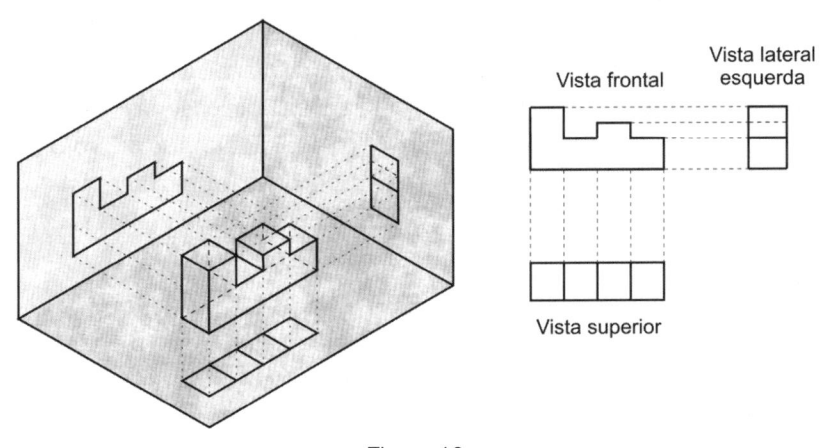

Figura 16

O que é denominado de vistas múltiplas de um objeto é o desenho da direita na Figura 16. O desenho à esquerda nos mostra as vistas múltiplas no referencial de projeção. Verificamos, então, que as vistas múltiplas não resultam apenas das projeções cilíndricas ortogonais, mas de outras transformações geométricas, que são as rotações (ou rebatimentos) dos planos coordenados em torno dos respectivos eixos e que produzem uma *planificação* do triedro de referência. Além disso, para atender a finalidades de uma representação gráfica, é indispensável que as vistas que formam esse tipo de representação sejam apresentadas em um conjunto articulado. Para isso, as linhas de conexão entre as diferentes vistas devem ser facilmente identificadas para que se possam determinar propriedades do objeto representado.

No uso das vistas múltiplas, utilizam-se várias convenções relativas aos elementos envolvidos na sua construção. Tais convenções podem ser explicitadas em linguagem estritamente matemática, mas isso pode dificultar a comunicação. Assim, é comum o recurso a metáforas ou a expressões da linguagem coloquial para traduzir essas convenções. Em particular, apela-se para a ideia de que o desenho obtido pela projeção da figura espacial é a imagem resultante da visão[8] que um "observador" teria dessa figura. Além disso, nessa metáfora, supomos que tal imagem gráfica é desenhada em um plano que se situa atrás do objeto em relação ao referido "observador".[9] Como sabemos, a visão desse "observador" depende de sua posição em relação à figura e ao plano do desenho e, por isso, é comum dizermos: "Uma perspectiva cônica depende da posição do observador, que está situado no centro de projeção". No caso da projeção cilíndrica, dizemos: "Em uma perspectiva cilíndrica (ou em uma vista), o observador está situado no infinito". Adiante, faremos algumas ressalvas de natureza didática sobre essas afirmações.

Ao adotarmos a metáfora do "observador" e lidarmos com mais de uma vista da mesma figura geométrica no espaço, é comum designarmos por *vista principal* a imagem que tal "observador" tem da referida figura. Admitindo que tal "observador" está em pé, diante do objeto a ser representado, a vista principal é designada *vista de frente* ou *vista frontal*. As demais vistas são designadas: *vista lateral direita*,

---

8. Obviamente, o próprio termo "vista" já é resultante do uso dessa metáfora. E mais, na língua portuguesa, a palavra "perspectiva" é empregada, por vezes, como "modo de ver".
9. Na verdade, esta é a convenção adotada no Brasil e na Europa, mas, nos Estados Unidos, escolhe-se colocar o plano do desenho entre o observador e a figura geométrica espacial.

vista lateral esquerda, vista posterior, vista superior e *vista inferior*. Na Figura 16, a projeção adotada como vista principal foi a vista frontal, mas essa escolha é arbitrária.

Nesta altura, caberia indagar por que utilizar mais de uma vista de um mesmo objeto físico. É que dificilmente uma ou duas vistas somente permitem a reconstituição do objeto representado. Para exemplificar, mostramos na Figura 17 as vistas de um objeto bem distinto do objeto representado na Figura 16. Comparando os dois conjuntos de vistas, vemos que apenas as vistas frontais desses objetos permitem distinguir um objeto do outro.

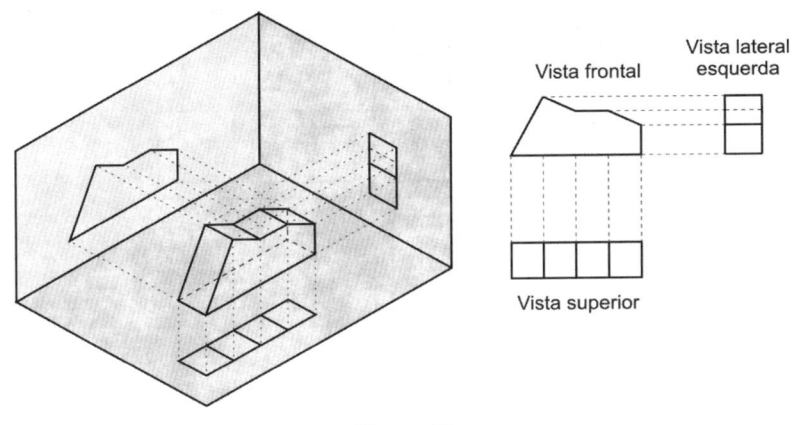

Figura 17

Como vemos nos exemplos mostrados, por convenção, a vista principal é desenhada de modo que fique envolvida pelas demais vistas. Nota-se que à direita dessa vista principal fica a vista lateral esquerda do objeto. Inversão análoga ocorre com a vista lateral direita do objeto, e também com as vistas superior e inferior, ao passarmos do objeto para suas vistas. Tudo indica que essa inversão implica dificuldade para a aprendizagem desse tópico.

Muitas vezes, são necessárias mais de três vistas para podermos reconstituir uma figura geométrica com base em suas vistas. Nesses casos, utiliza-se um paralelepípedo envolvente do paralelepípedo de referência e produzem-se as projeções cilíndricas ortogonais sobre suas seis faces. Em seguida, procede-se a uma sequência de transformações geométricas que culminam na planificação desse paralelepípedo envolvente. É o que nos mostra a Figura 18.

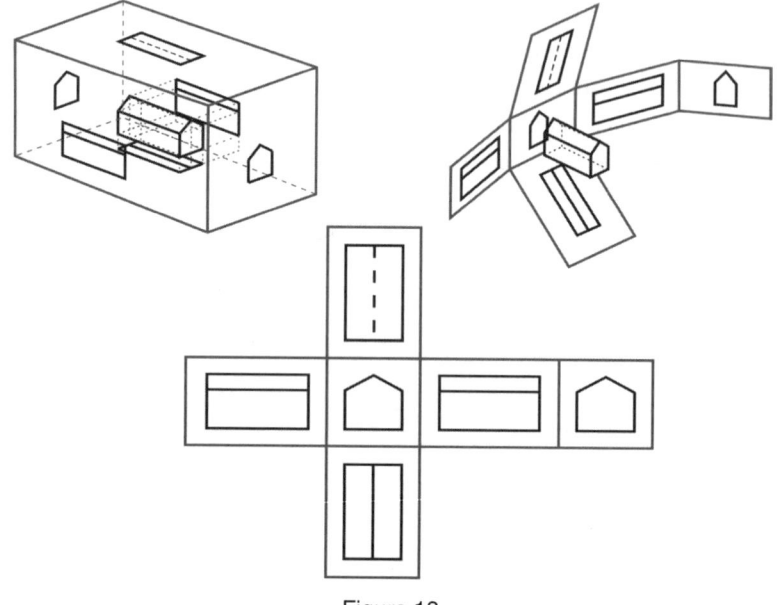

Figura 18

Em resumo, nos parágrafos anteriores foram indicadas várias características relevantes das vistas múltiplas: escolha da vista principal, rebatimento dos planos de projeção; leitura conjunta das vistas; inversão direita *versus* esquerda e superior *versus* inferior na passagem do objeto espacial para o plano do desenho. Todas implicam dificuldades adicionais na produção e no uso desse tipo de representação, as quais não podem ser negligenciadas no ensino desse tipo de representação gráfica.

Outras questões didáticas relativas às representações gráficas

Em vários momentos precedentes, foram feitas considerações relativas ao ensino e à aprendizagem dos tópicos discutidos. Nesta seção, outras questões sobre o tema são abordadas, com foco no tratamento encontrado em alguns textos didáticos destinados ao ensino fundamental.

Reiteramos, em primeiro lugar, que as imagens gráficas do cenário físico real são aproximações desse cenário. Tal caráter aproximado nem sempre é explicitado nos textos didáticos nem nas orientações destinadas ao professor. Um exemplo frequente é a solicitação para que os alunos identifiquem simetrias em seres ou objetos do mundo físico, sem mencionar que se trata de simetrias aproximadas e não de simetrias matemáticas.

Para além dessa deficiência, observam-se falhas na abordagem do próprio conceito de imagem gráfica de objetos espaciais. Em particular, não se levam em conta os casos nos quais não se podem obter informações métricas com base em perspectivas ou vistas. Vejamos alguns exemplos.

Consideremos uma atividade na qual o professor peça aos alunos que assinalem qual das imagens *representa um cubo*, diante do conjunto de imagens gráficas abaixo:

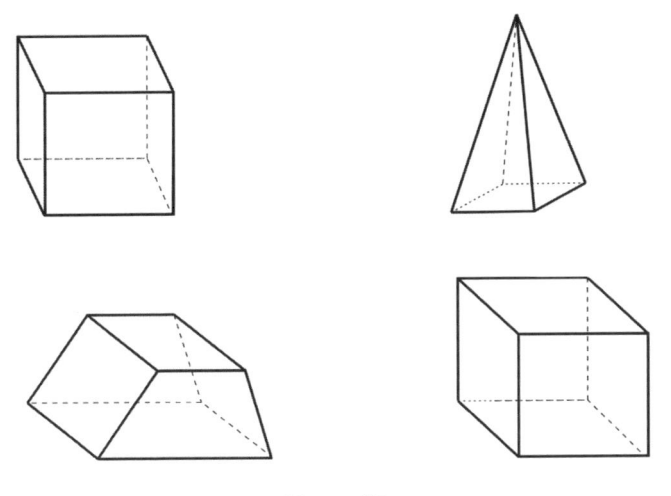

Figura 19

O professor poderia recorrer à atividade ilustrada na Figura 19 para promover uma discussão na sala de aula. Diante de uma resposta que indicasse a imagem superior esquerda como a que representa o cubo, ele buscaria justificativas do aluno para tal resposta e o levaria a compreender que não é possível saber, com as informações disponíveis, tratar-se da imagem de um cubo. De fato, não podemos saber se as arestas têm todas o mesmo comprimento, nem se os ângulos na imagem são todos retos, em face dos efeitos da perspectiva. Por isso, o aluno seria induzido a erro conceitual se a resposta em foco fosse considerada correta.

Observações análogas valem para uma atividade como a da Figura 20, a seguir, na qual se solicitasse ao aluno que assinalasse a árvore mais alta ou que indicasse a árvore que está mais próxima da casa, diante da cena representada abaixo:

Figura 20

Como se utiliza uma perspectiva para representar a cena, é impossível responder às questões propostas somente pela visualização dessa imagem.

Outra questão está ligada aos desvios no emprego da metáfora do "observador". Vimos que essa metáfora é útil na literatura técnica, estudada em etapas posteriores da escolaridade. Contudo, no seu emprego nos anos iniciais da aprendizagem é preciso cuidado para se evitarem equívocos que propiciem dificuldades conceituais posteriores.

A esse respeito, consideremos a perspectiva cônica, na qual se diz, com frequência, que o "observador" está situado no centro de projeção. No entanto, não se deixa claro para o aluno que a imagem gráfica que constitui o desenho em perspectiva cônica é apenas uma aproximação do que veria um observador humano ou mesmo da imagem produzida em uma câmera fotográfica situada nesse centro.

Além disso, quando se trata das imagens provenientes de projeções cilíndricas (perspectivas ou vistas) diz-se, usando a referida metáfora, que "o observador está situado no infinito". No entanto, por vezes, comete-se o equívoco de materializar tal posição "infinitamente afastada do objeto" colocando uma pessoa perto desse objeto. Nesse sentido, examinemos as imagens e os textos na Figura 21 em que se pretende atribuir significado ao conceito de vistas:

Figura 21

Quando nos detemos na Figura 21, percebemos várias falhas conceituais. Em primeiro lugar, os observadores estão posicionados muito próximos do objeto a representar. Eles teriam dele uma visão muito mais "parecida" com uma perspectiva cônica do que com vistas desse objeto. Em seguida, a disposição das vistas de modo totalmente desarticulado descumpre um preceito básico desse tipo de representação que é o de requerer um conjunto de imagens conectadas por linhas de ligação provenientes do rebatimento de projetantes. Ainda outra falha é esquecer que as denominações "vista frontal", "vista lateral direita", "vista lateral esquerda" só fazem sentido quando se estabelece qual o "observador" de referência, o que não é feito na atividade.

Levantamos a hipótese de que, no ensino fundamental, muitas falhas que ocorrem na abordagem das representações gráficas provêm de ser dada muita ênfase à metáfora do "observador", em detrimento da atenção aos elementos essenciais dessas representações que são as projeções de figuras geométricas sobre planos. O presente texto procurou trazer para o centro das discussões precisamente essas projeções.

Convém acrescentar que o tratamento do conceito de vistas em textos destinados aos primeiros anos escolares tem acumulado inadequações além das que foram mencionadas no exemplo ilustrado na Figura 21. De fato, o termo "vistas" tem sido identificado com outros tipos de imagens gráficas, o que pode gerar confusão conceitual nessa fase da aprendizagem matemática escolar. Exemplo desses desvios é dizer que "uma planta baixa de uma casa é a vista superior dessa casa sem o telhado". Sabemos que uma planta baixa de uma casa é a projeção ortogonal de uma seção paralela ao plano do piso, a uma altura fixada. Também não é adequado confundir vista superior de uma região com uma *vista aérea* da região, pois quase sempre esta última é uma perspectiva cônica que representa a região. Outro equívoco é identificar uma vista de um objeto com uma sombra desse objeto sobre algum anteparo.

Pelos motivos expostos, consideramos que o estudo do conceito de vistas múltiplas deveria ser deixado para fases posteriores aos dois primeiros ciclos do ensino fundamental, do 1º ao 5º anos. Nessa fase poderia ser incentivado um trabalho introdutório e gradual com as perspectivas discutidas nos parágrafos precedentes.

Classificação de figuras geométricas: Comentários gerais

Um objetivo importante do ensino é auxiliar o aluno a desenvolver a capacidade de organizar as figuras em classes – *classificar* –, com base em propriedades comuns observadas nas figuras geométricas. Outro objetivo relevante é contribuir para que ele adquira, com compreensão, a *nomenclatura* técnica associada a tais classes. Esses dois propósitos devem ser buscados desde os primeiro anos da vida escolar e, certamente, se estendem por um longo período de aprendizagem.

No entanto, no início do estudo da geometria, o ideal é que as classificações e a nomenclatura sejam propostas com cuidado e de modo gradual. Nessa fase, um trabalho mais produtivo é aquele que auxilie a criança a se familiarizar com as figuras geométricas para que ela, aos poucos, vá percebendo suas propriedades. Além de habituá-la a reconhecer figuras geométricas e a desenhá-las, é importante realizar atividades de construção dessas figuras, utilizando, por exemplo, canudos de refrigerante, arames e cordões, varetas de madeira, colagem de recortes de papel, dobraduras, embalagens ou outros materiais de uso comum. A percepção visual e táctil das crianças em contato com esses objetos físicos, e com os desenhos, a auxilia a compreender, progressivamente, as propriedades abstratas das diferentes figuras geométricas.

De início, o professor deve cuidar para não cair na tentação de definir os *termos primitivos* da geometria, em particular ponto, reta e plano. Tais termos são chamados primitivos precisamente por não terem definição. O que podemos fazer, sem dúvida, é mostrar, no mundo que nos cerca, exemplos concretos que representem de maneira aproximada esses objetos abstratos. Para isso, um recurso útil é explorar os vértices, as arestas e as faces de objetos físicos. Esses elementos nos fornecem exemplos materiais de pontos, de segmentos de reta e de regiões planas limitadas, e auxiliam a compreensão dos entes abstratos que representam.

Outra precaução a tomar no trabalho de classificação das figuras geométricas é a de sempre deixar explícita para o aluno qualquer mudança nos critérios adotados. Quando essa troca não fica clara, um dos possíveis frutos esperados desse trabalho, que é o desenvolvimento do raciocínio lógico, pode ser prejudicado. Vejamos um exemplo:

Em geral, um ângulo é definido como a figura constituída por *duas semirretas*, distintas e não opostas, com uma mesma origem, como aparece no desenho à esquerda na Figura 22, a seguir:

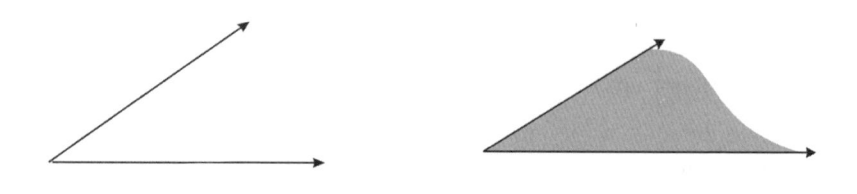

Figura 22

No entanto, alguns professores escolhem definir ângulo como a *região* delimitada por duas semirretas, distintas e não opostas, com uma mesma origem, como no desenho à direita na Figura 22.[10]

Podemos ficar em dúvida sobre que definição escolher. Na verdade, as duas são matematicamente corretas, embora a primeira seja a adotada mais frequentemente. O que se deve evitar é passar de uma para outra sem nenhuma explicitação da mudança. É possível, também, evidenciar que essas duas formulações estão relacionadas entre si. De fato, na primeira, as duas semirretas são o *contorno* da região tomada como ângulo na segunda definição. Já na segunda, o ângulo inclui, além das semirretas, o *interior* da figura por elas formada. No entanto, podemos gerar confusão e insegurança nos alunos se usarmos simultaneamente as duas definições, sem distingui-las e relacioná-las. Convém notar, ainda, que, no passo seguinte da aprendizagem do conceito de ângulo, quando se introduz a noção de *medida da abertura do ângulo* (o que comumente

---

10. Após introduzir a medida da abertura de um ângulo, podemos estender a primeira definição para incluir dois tipos especiais de ângulos: a) o *ângulo raso*, constituído por duas semirretas opostas, que mede 1800; b) o *ângulo nulo*, formado por duas semirretas coincidentes, que mede 00. Extensão análoga pode ser feita com respeito à segunda definição de ângulo.

denominamos de *medida do ângulo*), as duas definições são equivalentes, pois em ambos os casos – semirretas ou região – a medida do ângulo é a mesma, o que aproxima ainda mais as duas definições possíveis.

Triângulos e quadriláteros

Dentre as figuras geométricas, os *triângulos* estão, sem dúvida, entre as mais importantes. Eles podem se constituir em "células básicas" para a construção de muitas das figuras que estudamos na geometria e, além disso, escondem, na sua aparente simplicidade, uma enorme riqueza de propriedades matemáticas. Por isso, vale a pena explorá-los desde os primeiros anos da escolaridade.

A definição de triângulo é muito conhecida. Tomamos três pontos *A*, *B* e *C*, que não pertençam a uma mesma reta e os ligamos pelos três segmentos de reta *AB*, *BC* e *CA*. A reunião dos três segmentos é o que se chama um triângulo. Observamos, ainda, que dois segmentos quaisquer no triângulo só possuem em comum uma de suas extremidades:

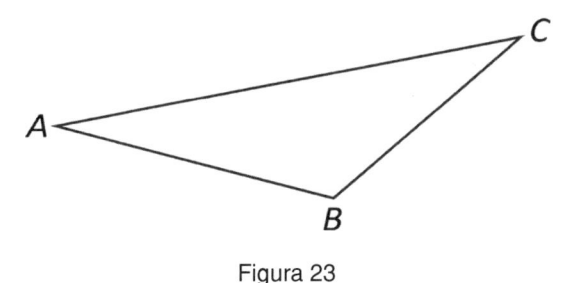

Figura 23

Sabemos que os pontos *A*, *B* e *C* são os vértices do triângulo, e que os segmentos de reta *AB*, *BC* e *CA*[11] são seus lados. Se imaginarmos as

---

11. Convém observar que um segmento de reta *AB* é o conjunto de pontos da reta definida pelos pontos *A* e *B*, constituído por *A*, *B* e todos os pontos entre *A* e *B*. Desta maneira, não importa a ordem dos pontos na representação do segmento. Noutras palavras, o segmento *AB* é o mesmo que o segmento *BA*. Se quisermos

semirretas determinadas pelos lados do triângulo, obteremos os chamados *ângulos* internos do triângulo, os quais, muitas vezes, denominamos ângulos do triângulo. Para designarmos o triângulo acima podemos escrever: triângulo ABC. É igualmente válido designá-lo pelos símbolos: *BCA*; *CAB*; *ACB*; *CBA*; e *BAC*.

Vejamos, agora, o que são quadriláteros. Consideremos quatro pontos arbitrários em um plano, por exemplo, *A*, *B*, *C*, *D*, com a condição de que três quaisquer deles não estão em uma mesma reta. Chamamos quadrilátero *ABCD*[12] ao conjunto de pontos que estão nos segmentos de reta *AB*, *BC*, *CD* e *DA*.

A seguir, são mostrados exemplos de dois quadriláteros, ABCD e PNMQ:

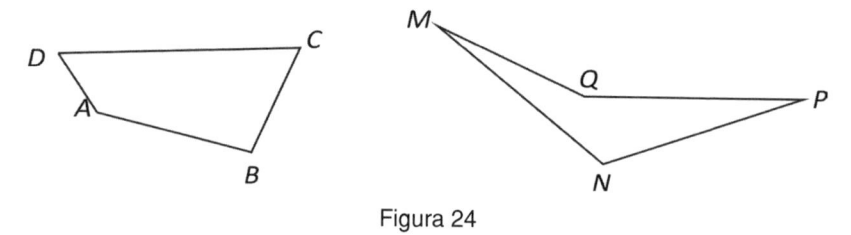

Figura 24

Na geometria, alguns quadriláteros destacam-se com nomes especiais:

- quadrados – os lados são iguais entre si e os ângulos são retos;
- losangos – os lados são iguais entre si;
- retângulos – os quatro ângulos são retos;
- paralelogramos – os dois pares de lados opostos são paralelos entre si;
- trapézios – dois lados opostos são paralelos entre si.

---

levar em conta a ordem desses pontos, teremos um novo conceito: segmento de reta orientado, que não será considerado neste texto.

12. Podemos também designar este quadrilátero por outras sequências apropriadas dos símbolos *A*, *B*, *C* e *D*.

Quando empregamos os critérios acima, que são os adotados na matemática mais avançada, podemos dizer que todo quadrado é, também, losango, retângulo, paralelogramo e trapézio. Em tal classificação, todo paralelogramo é, também, trapézio.

No entanto, no ensino fundamental é muito comum, e justificável, serem adotadas outras caracterizações, como:

- quadrados – os lados são iguais entre si e os ângulos são retos;
- losangos – os lados são iguais entre si e os ângulos não são retos;
- retângulos – os ângulos são retos e há dois lados desiguais;
- paralelogramos – os dois pares de lados opostos são paralelos entre si;
- trapézios – apenas dois lados opostos são paralelos entre si.

De acordo com essa última classificação, um quadrado não é retângulo, nem losango. Tampouco um paralelogramo é trapézio.

As classificações permitem ao professor exercer suas escolhas e não precisam ser vistas como um empecilho à aprendizagem. Mas é indispensável manter a coerência interna, após fazer uma escolha, para não confundir o aluno.

Os triângulos e quadriláteros são exemplos de polígonos. No entanto, não devemos nos preocupar em iniciar pela definição de polígonos e depois tratar triângulo como "polígono com três lados" e quadrilátero como "polígono com quatro lados". Essa abordagem não é aconselhável, do ponto de vista da didática. Além disso, os triângulos e quadriláteros são particularmente importantes em si mesmos e possuem uma caracterização mais simples do que a de um polígono mais geral, como veremos a seguir.

Polígonos

Para caracterizar a classe mais ampla dos polígonos, uma boa estratégia é iniciarmos por um conceito preliminar. Segundo esse conceito, uma *linha poligonal* (ou *linha quebrada*) é uma sequência especial de segmentos de reta: $A_1A_2, A_2A_3, A_3A_4, A_4A_5, A_5A_6$ ou $B_1B_2, B_2B_3, B_3B_4, B_4B_5, B_5B_6, B_6B_7$:

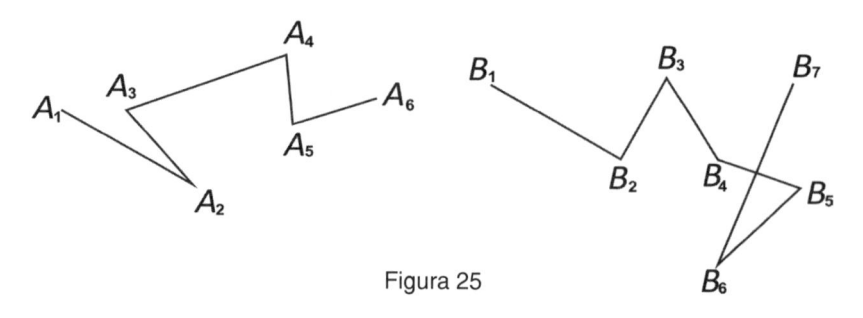

Figura 25

Esses exemplos são típicos de linhas poligonais: cada um dos segmentos e o seu sucessor na sequência têm em comum uma de suas extremidades e não são partes de uma mesma reta. No entanto, as duas poligonais acima distinguem-se num aspecto. Na imagem à esquerda, cada segmento encontra somente seu antecessor ou seu sucessor imediato na sequência de segmentos, e, por isso, é chamado de linha poligonal *simples*. Na imagem à direita, o segmento B_4B_5 encontra não apenas seu antecessor ou seu sucessor imediato, mas também o segmento B_6B_7. Neste caso, dizemos que a poligonal é *não simples*. Os sucessivos segmentos da poligonal são os seus *lados* e os pontos de encontro dos segmentos são seus *vértices*.

Um *polígono é uma linha poligonal simples e fechada*, ou seja, uma linha poligonal simples em que o primeiro segmento da sequência tem uma extremidade em comum com o último segmento dessa sequência.

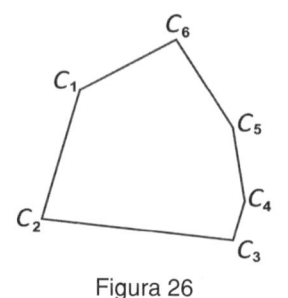

Figura 26

Muitas vezes, no ensino, são esquecidas algumas das condições que definem um polígono, o que pode dar margem a equívocos. Por exemplo, se dissermos que um polígono é uma figura formada apenas por segmentos de reta, essa afirmação é só parcialmente correta, pois as linhas poligonais que mostramos anteriormente satisfazem essa condição e não são polígonos. Não podemos, também, esquecer que um polígono tem que ser uma linha poligonal simples.

Nesta altura, convém observar um fato análogo ao que ocorre com a definição de ângulo. Um polígono separa o plano em duas regiões, o seu *interior* e o seu *exterior*. Em geometria, utiliza-se a mesma palavra "polígono" tanto para denominar a figura constituída apenas pelos seus lados, conforme a definição acima, quanto para designar a reunião desses lados com a região interior por eles determinada no plano.

O professor deve levar em conta essa duplicidade de definição de polígono e, em cada situação, procurar esclarecer qual delas está sendo adotada. Por exemplo, ao tratarmos do *perímetro* do polígono, o que está em jogo é o comprimento total de seus lados. Quando falamos de *área* do polígono, estamos nos referindo ao polígono como uma região plana. Esse fato pode ser visto não como um empecilho para a aprendizagem da criança, mas como uma flexibilidade natural da linguagem, que deve ser explorada no ensino.

A classificação mais comum dos polígonos é a que os separa pelo *número de lados* (que é o mesmo número de ângulos). Neste caso, vamos encontrar, então, *triângulos*, *quadriláteros*, *pentágonos*, *hexágonos*, e assim por diante. No entanto, tais denominações devem ser aprendidas com a prática e não com tentativas de memorização descontextualizadas. O melhor é que, aos poucos, as crianças usem essas palavras, sem a imposição de memorização precoce.

Outro critério de classificação de polígonos que tem sido adotado no ensino fundamental é aquele que os reparte em duas categorias: os polígonos *convexos* e os *não convexos*. Façamos o seguinte teste: *para cada um dos lados do polígono*, imaginemos uma reta contendo esse lado e verifiquemos se o restante do polígono fica de *um mesmo lado dessa reta*. Se isso acontecer, dizemos que o polígono é convexo. Se houver pelo menos um lado que não "passa nesse teste", o polígono é não convexo. Vejamos dois exemplos, o da esquerda de um polígono convexo e o da direita de um não convexo:

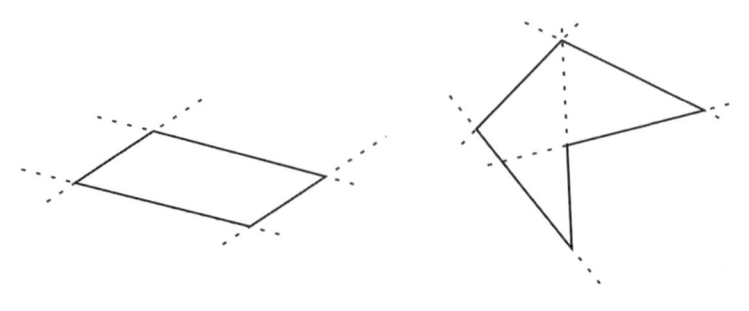

Figura 27

No polígono da direita, três lados "passam no teste", mas dois deles não. De maneira simplificada, podemos dizer que um polígono não convexo possui alguma "reentrância".

Uma família destacada de polígonos convexos são os *polígonos regulares*, aqueles em que:

- os lados são iguais entre si;
- os ângulos internos são iguais entre si.

Poderíamos nos perguntar se não podemos exigir apenas uma das condições acima para termos um polígono regular. No caso muito especial do triângulo, pode-se demonstrar que, se ele tem os lados iguais, então seus ângulos internos são todos iguais, e, reciprocamente, se ele tem seus ângulos internos todos iguais, então seus lados são todos iguais. Desta maneira, para triângulos, basta exigir uns dos itens acima, pois o outro "vem de graça".

No entanto, nos polígonos com mais de três lados (quadriláteros, pentágonos, hexágonos etc.), é preciso verificar as duas condições para termos um polígono regular. De fato, vejamos os exemplos a seguir de polígonos não regulares:

Figura 28

No desenho à esquerda, é indicado um retângulo com lados de comprimentos diferentes e sabemos que ele possui os quatro ângulos iguais entre si, enquanto o pentágono, à direita, possui os lados iguais entre si, mas seus ângulos internos não são iguais.

Depois de refletirmos sobre figuras geométricas planas, vamos nos voltar, agora, para as espaciais.

Sólidos geométricos

Como no caso das figuras planas, é desejável que comecemos o estudo dos sólidos geométricos com aqueles em que a simplicidade é acompanhada da riqueza de propriedades, além de serem modelos para objetos comuns no nosso dia a dia. Dentre essas figuras geométricas destacam-se o *cubo* e o paralelepípedo retângulo, este último também chamado de *bloco retangular*. Uma definição mais rigorosa desses sólidos geométricos é desnecessária no ensino fundamental, e podemos nos contentar em dizer que um cubo é a região do espaço tridimensional limitada por um conjunto de seis quadrados que têm, dois a dois, um lado em comum. É possível adotar uma definição análoga para o bloco retangular, admitindo-se retângulos na composição das faces do sólido:

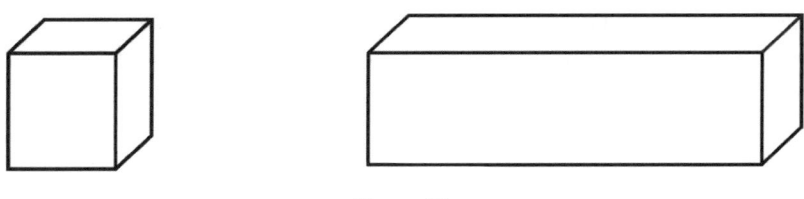

Figura 29

Os polígonos que limitam esses sólidos são suas *faces*;[13] o encontro de duas faces é uma *aresta*; e o encontro de arestas são os *vértices* do sólido.

Na definição dos sólidos geométricos, como acontece nos exemplos acima, optamos, neste texto, por considerar a região do espaço tridimensional e não apenas as superfícies que limitam essa região. Se falarmos no contexto dos modelos concretos dessas figuras, ou seja, nos objetos físicos associados a essas figuras, estaremos considerando os objetos maciços e não a "casca" dos objetos ocos. Estamos falando de um dado de jogar, ou de um bloco maciço de madeira, e não de uma caixa de sapatos vazia, por exemplo.

Apesar de termos feito a escolha acima, é comum usarmos a mesma denominação "cubo", ou "bloco retangular", para designar não a região do espaço totalmente delimitada por suas faces, mas as faces apenas. Noutros termos, não o "miolo" junto com a "casca", mas apenas a "casca". Essa flexibilidade da linguagem matemática pode ser explorada de forma adequada, deixando claro, em cada caso, de que objeto geométrico estamos falando. Se queremos nos referir ao volume do cubo, é a região do espaço que importa. Se pedimos a área da superfície lateral de um bloco retangular, é a soma das áreas de suas faces que entra em jogo. Quando propomos uma atividade de planificação de um cubo, ou de um paralelepípedo retângulo, o que está em foco é o conjunto de faces, é a "casca" e não, evidentemente, a região do espaço tridimensional limitada pelas faces.

Outras figuras geométricas tridimensionais estudadas na escola são os prismas e as pirâmides (Figura 30).

De modo análogo aos cubos e aos paralelepípedos, esses sólidos são regiões do espaço limitadas por um número finito de polígonos, que são as *faces* do sólido geométrico. Além disso, se tomarmos um lado qualquer de uma face, ele também é lado de outra face, mas apenas de uma outra face. Dois lados de faces distintas que são comuns formam

---

13. Na linguagem coloquial, costuma-se usar o termo "lado" em vez de "face" de um cubo ou de um paralelepípedo. No ensino, no entanto, devemos ter cuidado para evitar tal uso.

uma *aresta*; cada ponto comum a três ou mais arestas é dito um *vértice* do sólido. Cubos, paralelepípedos, prismas e pirâmides são exemplos de *poliedros*, uma classe muito vasta de sólidos geométricos.

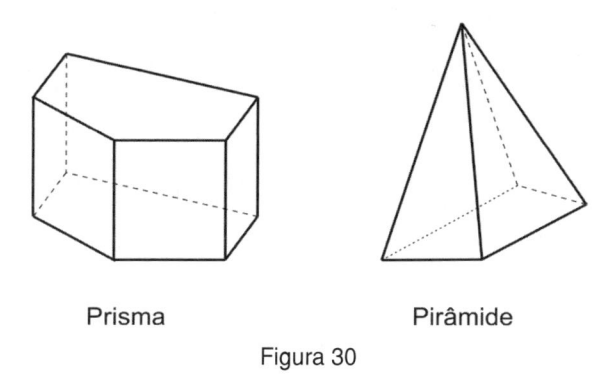

Prisma   Pirâmide

Figura 30

As duas propriedades mencionadas – número finito de faces poligonais, cada uma com seus lados "colados" a lados de outra face – são características necessárias dos poliedros, mas não são suficientes. Noutros termos, há sólidos geométricos que possuem tais propriedades e não são considerados poliedros na matemática. Mas isso não impede que os poliedros sejam abordados nos primeiros anos escolares. Apenas devemos evitar propor uma definição matemática no ensino fundamental e nos restringirmos a explorar exemplos de poliedros, ressaltando neles as propriedades necessárias mencionadas anteriormente.

Com respeito aos exemplos, consideremos, entre os poliedros, aqueles que são chamados *convexos*. Nesse caso, uma reta qualquer, não paralela a uma aresta do poliedro, encontra duas de suas faces, no máximo. Nos poliedros não convexos, portanto, há retas não paralelas a uma aresta, que encontram mais de uma face. A Figura 31 permite a visualização da condição de convexidade de poliedros.

Na família dos poliedros convexos destacam-se os poliedros *regulares*, que são aqueles em que todas as faces são polígonos regulares congruentes ("iguais") e os vértices são ângulos sólidos congruentes. Na Antiguidade Clássica, foi demonstrado um fato instigante: só existem cinco tipos de poliedros regulares: os tetraedros, os hexaedros (cubos), os octaedros, os dodecaedros e os icosaedros. Eles são os conhecidos *poliedros de Platão* (Figura 32).

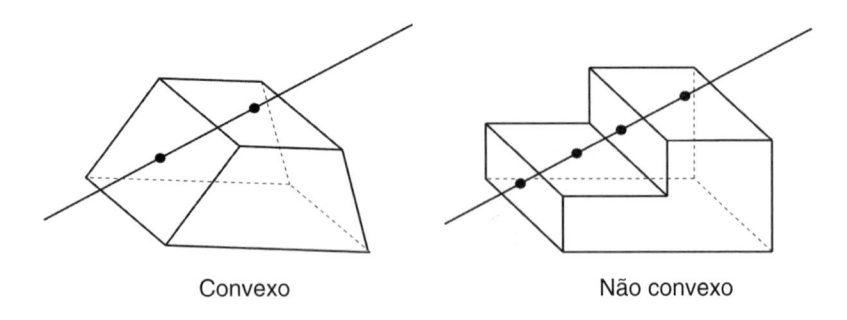

Convexo Não convexo

Figura 31

Dodecaedro Icosaedro

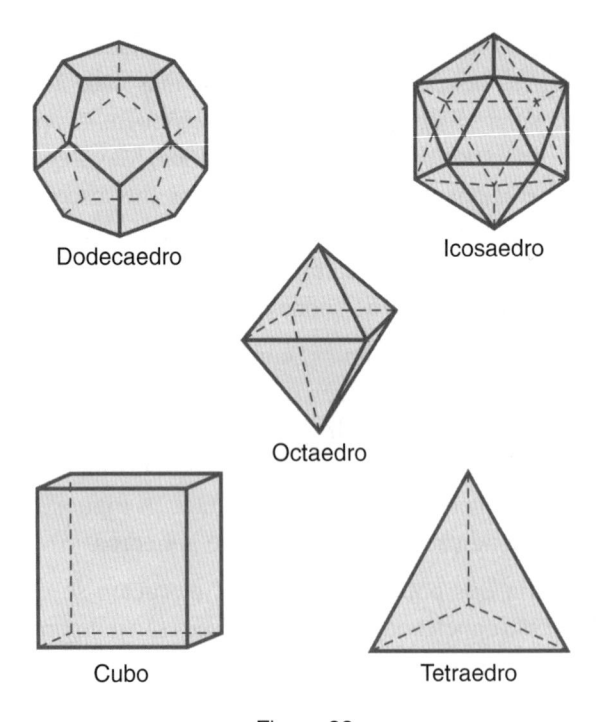

Octaedro

Cubo Tetraedro

Figura 32

Outros tipos de muito apelo visual são os chamados *arquimedianos*, que são poliedros convexos que possuem faces que são polígonos regulares congruentes, mas não da mesma família. Além disso, seus ângulos sólidos são todos congruentes. Os matemáticos provaram que existem somente 13 poliedros arquimedianos. Um dos mais conhecidos é o icosaedro truncado. Esse poliedro, que aparece na Figura 33, quando deformado pela pressão do ar no seu interior, vem a ser a bola atualmente usada no futebol.

Figura 33

Os poliedros não são as únicas figuras geométricas estudadas na escola básica. Encontramos, no dia a dia, objetos que podem ser associados aos chamados *sólidos redondos* (ou *corpos redondos*): cilindros, cones, esferas.

Na Figura 34 estão representados um cone (à esquerda) e um cilindro:

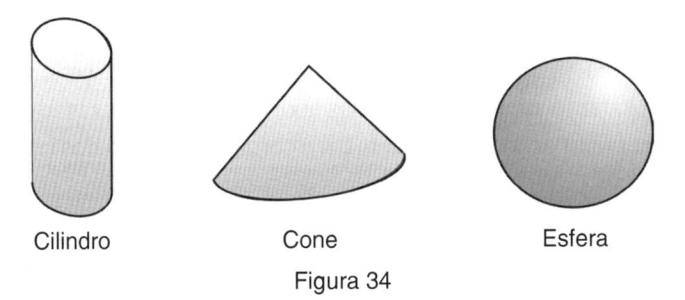

Cilindro   Cone   Esfera
Figura 34

O que distingue os corpos redondos é que eles são regiões do espaço tridimensional limitadas, total ou parcialmente, por superfícies não planas, "arredondadas". Na fase inicial da escolaridade, cremos que tal caracterização é suficiente para a exploração desse conteúdo. Por isso, julgamos desnecessária e até mesmo inadequada a tentativa de propor a classificação dos sólidos geométricos em duas categorias: "os que rolam" e os que "não rolam". De fato, o fenômeno de rolagem é muito mais complicado e envolve propriedades físicas do objeto e da aceleração que lhe imprimimos. Um dado, por exemplo, em geral, rola muito bem e uma lata cilíndrica não rola quando apoiada em sua base.

No ensino fundamental, as figuras geométricas espaciais mais estudadas são: *cubos*, *paralelepípedos*, *prismas*, *pirâmides*, *poliedros*, *cilindros*, *cones* e *esferas*. Certamente, esses tipos são os mais importantes nessa fase da aprendizagem. No entanto, é preciso ter presente que esses não são os únicos sólidos geométricos. Há infinitos outros, sem denominação especial, e que podem ser trabalhados na escola. Desse modo, evita-se induzir o aluno ao equívoco de que os sólidos geométricos são apenas essas famílias especiais.

Considerações finais

Neste capítulo, refletimos sobre alguns conteúdos de geometria recomendados nos referenciais curriculares nacionais, normalmente abordados no ensino fundamental e presentes nos livros didáticos para essa fase da escolaridade.

Procuramos considerar aspectos teóricos no que se refere a conceitos matemáticos e a questões didáticas relativas a esses conceitos. Buscamos, também, indicar algumas abordagens julgadas inadequadas, não só do ponto de vista da matemática como da didática dos conteúdos matemáticos.

Essa tentativa será coroada de sucesso se puder despertar no leitor o desejo de procurar saber mais a respeito desses temas.

CONCLUSÃO
A GEOMETRIA NO ENSINO FUNDAMENTAL I: UMA GEOMETRIA ELABORADA HISTORICAMENTE NA ESCOLA

Wagner Rodrigues Valente

Em capítulos anteriores considerou-se o percurso seguido para a constituição da geometria para ser ensinada nos anos iniciais. No capítulo IV, em especial, foram analisadas, em conversas com o professor que ensina matemática, as referências tidas como importantes, tendo em vista a geometria escolar para o ensino fundamental, com destaque para os anos iniciais, em relação a como e o que abordar nos primeiros contatos com a geometria. E, neste caso, os temas tratados, conteúdos presentes para serem ensinados nos primeiros anos escolares, foram considerados de um ponto de vista mais avançado, sistematizados e com dose maior de rigor matemático. Esses assuntos discutidos revelam finalidades, pontos de chegada para o saber sistematizado geométrico, partindo da geometria escolar tratada no ensino fundamental I. O propósito deste capítulo final, numa síntese, é responder à questão: Como as dinâmicas de transformação da geometria escolar chegaram a nossos dias? Ou, formulando a questão de outro modo: Que relações a geometria escolar mantém com o passado, com a história do ensino dessa matéria de ensino? Ou, ainda: Como diferentes pedagogias constroem e reconstroem a geometria escolar num dado período de sua vigência?

Procurar-se-á mostrar que as perspectivas atuais para o ensino de geometria para crianças constituem reelaborações da longa trajetória percorrida por essa matéria, sempre presente nas discussões sobre a educação nos primeiros anos escolares no Brasil, como foi possível constatar neste livro. E mais: a geometria presente para o ensino nos primeiros anos escolares constitui saber elaborado ao longo do tempo pelas lides escolares, pelas práticas e pelos processos que têm lugar no ambiente de ensino em diferentes épocas. Por certo, essa geometria não tem uma autonomia total de outras instâncias, mas sim uma *autonomia relativa* em relação à matemática, por exemplo.

Recorde-se, inicialmente, que os debates parlamentares sobre o ensino de geometria na escola de primeiras letras evocavam a necessidade de que ela fosse uma *geometria prática*. Aos poucos, porém, o caráter de ligação direta desse saber escolar com as lides cotidianas vai sendo transformado, com o avanço e a disseminação de uma cultura escolar, com mecanismos e ingredientes próprios, como livros didáticos, programas de ensino etc. A organização do trabalho pedagógico, nesses tempos longínquos, vai configurando uma pedagogia. E esse modo de conduzir a escolarização das crianças passa a ratificar textos, numa ordenação lógica dos conteúdos geométricos a serem ensinados. Dessa forma, está presente a ideia de que os elementos iniciais e formais da geometria, as suas bases, as suas primeiras definições deveriam fazer parte do rol de conteúdos que os alunos deveriam aprender. Aos primeiros anos escolares, os primeiros elementos da geometria euclidiana.

As perspectivas sobre o ensino de geometria para os anos iniciais hoje dialogam, mesmo que por contraposição, com esses tempos distantes. Se, a princípio, em termos do que se poderia chamar de uma *pedagogia tradicional*, considerava-se como ponto de partida a abordagem direta dos primeiros elementos sistematizados da geometria (a indicação de elementos com ponto, reta, plano, posições relativas de duas retas etc.), hoje se tem por tarefa a construção, pelos alunos, de significados para esses elementos, por meio de sua incorporação progressiva, por meio de situações-problema com as quais os educandos precisam estar envolvidos.

O melhor entendimento da produção de significados pelos alunos, da aproximação progressiva dos educandos ao saber geométrico sistematizado, ao que parece, liga-se à diferenciação entre *conhecimento* e *saber*. Assim, a escola é vista hoje como o lugar onde são reelaborados conhecimentos, bagagem que todo aluno possui em seu ingresso na cultura escolar e que precisa ser desenvolvida, ampliada mais e mais, ao longo dos anos, por intermédio de uma intencionalidade didática vinda do professor. Desse modo, progressivamente, os alunos irão transformando seus conhecimentos na perspectiva de aquisição dos saberes, formas institucionalizadas, sistematizadas e organizadas de modo teórico-abstrato da cultura de uma sociedade. Assim, no caso da geometria, organiza-se uma *geometria escolar*. Um conhecimento próprio da escola, uma matéria que representa uma transição para a geometria do saber matemático.

O diálogo com a pedagogia tradicional hoje, nos termos do ensino de geometria para crianças, de uma geometria escolar para os anos iniciais, pode ser expresso por uma mudança de perspectiva: os primeiros elementos sistematizados da geometria devem ser colocados como ponto de chegada do processo didático-pedagógico; antes deles, todo o caminho deverá ser percorrido por meio de uma geometria escolar, matéria que vem sendo construída historicamente no embate da cultura escolar com outras culturas como a familiar, a religiosa, a acadêmica e tantas outras com importância maior ou menor a depender da época histórica em que os embates ocorrem.

As décadas finais do século XIX assistem ao nascimento da psicologia. E, com ela, pode-se dizer, o surgimento do *aluno*. Altera-se a ideia de que a criança represente um adulto em miniatura. A criança na escola torna-se aluno. E, mais: há um percurso a ser percorrido por ela na constituição e na transformação do seu pensamento até que possa chegar a ser adulto. Em meio a essa verdadeira revolução, altera-se o modo de pensar os ensinos escolares. A pedagogia intuitiva ganha difusão mundial: os alunos aprendem, conhecem, por meio dos sentidos. E as coisas dão lições aos sentidos. Uma nova geometria escolar ganha as lides pedagógicas cotidianas.

O diálogo que as propostas atuais sobre o ensino de geometria mantêm com esses longínquos tempos de pedagogia intuitiva está expresso hoje no valor que é dado à movimentação corporal, ao manuseio e à visualização de objetos do mundo físico. Admite-se hoje o papel fundamental que as percepções provenientes dos sentidos do tato e da visão cumprem na constituição do pensamento geométrico. Será a partir das relações que as crianças mantêm com o mundo físico que terá início o estudo da geometria. E essas relações devem ser tomadas como os conhecimentos iniciais das crianças sobre geometria. E novamente aqui está presente a ideia da necessidade de percorrer uma trajetória didático-pedagógica. No início, o mundo físico, as coisas, a empiria da vida cotidiana a mostrar suas formas. No trabalho com elas, com o conhecimento que os alunos têm delas, caberá ao professor elaborar situações em que esse conhecimento será insuficiente para vencer desafios, entrando então em cena novos conhecimentos construídos pelos alunos para tratar das formas que os rodeiam no seu mundo infantil. O processo envolve uma aproximação sucessiva a modos e formas abstratas, próprios dos objetos matemáticos.

Os tempos de matemática moderna, quando a vaga estruturalista esteve presente em todas as ciências, promoveram, como se mostrou no Capítulo 3, uma verdadeira revolução no modo de pensar o ensino de matemática para crianças. Por essa época, o embate da cultura escolar com a cultura acadêmica, com a cultura matemática e com os estudos vindos da psicologia cognitiva teve por finalidade reorganizar toda a matemática presente no ensino elementar. No caso da geometria escolar, ela deveria estar ligada à topologia e não mais ter como ponto de referência a geometria euclidiana. Por esse tempo, por meio dos estudos de Jean Piaget, instala-se definitivamente a ideia dos estágios de elaboração do conhecimento pelo aluno. Mudam os livros didáticos, mudam os passos iniciais para a aquisição da geometria. Noutros termos, intenta-se a transformação da geometria escolar, numa ingerência direta da cultura matemático-acadêmica, calcada nos ditames da psicologia cognitivista, na cultura escolar. A superação desse tempo, com o refluxo do chamado Movimento da Matemática Moderna, recupera, hoje, princípios piagetianos. E talvez o principal deles seja a resposta à questão didática fundamental: Como os alunos passam de um estágio de menor conhecimento para um de maior conhecimento? Tal questão hoje é traduzida em temos de análise da trajetória que deve o aluno seguir rumo ao saber sistematizado. A resposta piagetiana, hoje apropriada pela chamada didática da matemática, é: o aluno avança progressivamente na construção de seus conhecimentos rumo ao saber sistematizado por um processo de desequilíbrio. E o professor deverá a todo tempo propor situações motivadoras, problemas que desequilibrem o aluno em termos de que os conhecimentos que possui são insuficientes para vencer os desafios. Com isso, na busca de um novo equilíbrio, o aluno constrói novos conhecimentos. A chamada metodologia da *resolução de problemas* é uma dimensão do trabalho pedagógico muito recomendada em tempos atuais, para cumprir essa intencionalidade didática.

    O diálogo atual sobre o ensino de geometria para crianças, sobre a geometria escolar contemporânea, além de incorporar esse princípio piagetiano, reafirma a geometria euclidiana como saber de referência com base no qual os processos de construção da geometria escolar deverão ser elaborados. E isso não impede que sejam desenvolvidas no trabalho didático-pedagógico atividades iniciais que incorporem ingredientes da topologia.

    Os tempos atuais mostram-se herdeiros do passado, dos embates e das propostas de épocas longínquas e também próximas. A geometria escolar hoje, matéria escolar a ser ensinada nos anos iniciais, e por toda a escola básica, reelaborou por contraposição e incorporação ingredientes didático-pedagógicos no sentido de constituir-se num conhecimento transitório que permite acesso ao saber sistematizado geométrico, à geometria da matemática. Essa caracterização melhor permite compreender que o professor que ensina matemática não é um especialista em matemática; sua especialidade liga-se à condução dos alunos a progressivamente apropriarem-se de uma cultura transitória que dá acesso aos saberes científicos. Em suma: trata-se de um profissional especialista em matemática escolar e, para o caso analisado ao longo deste livro, um especialista em geometria escolar.

REFERÊNCIAS BIBLIOGRÁFICAS

ACZEL, A.D. (2009). *El artista y el matemático: La historia de Nicolas Bourbaki, el genio matemático que nunca existió*. Barcelona: Gedisa.

ALBUQUERQUE, A.F.P.H.C. (1829). *Principios do desenho linear comprehendendo os de geometria pratica pelo methodo do ensino mutuo*. Extraídos de L.B. Francoeur. Rio de Janeiro: Imperial Typographia de P. Plancher-Seignot.

BARBOSA, R. (1947). *Reforma do ensino primário e várias instituições complementares da instrução pública: Obras completas*, v. X, tomos de I a IV. Rio de Janeiro: Ministério da Educação e Saúde.

_____ (1950). *Lições de coisas: Obras completas de Rui Barbosa*, v. XIII, tomo I. Rio de Janeiro: Ministério da Educação e Saúde. (1ª ed. 1886)

BARROS, P.M. (1997-1998). "Alvorecer de uma nova ciência: A medicina tropicalista baiana". *História, Ciências, Saúde*, IV(3). Rio de Janeiro: Manguinhos, nov.-fev., pp. 411-459.

BECHARA, L. e LIBERMAN, M.P. (1969). *Curso moderno de matemática para a escola elementar*, v. 4. São Paulo: Companhia Editora Nacional.

BECHARA SANCHEZ, L. e LIBERMAN, M.P. (1972). *Curso moderno de matemática para a escola elementar*, v. 5. São Paulo: Companhia Editora Nacional.

BISHOP, A.J. (1983). "Space and geometry". *In*: LESH, R. e LANDAU, M. (orgs.). *Acquisition of mathematics concepts and processes*. Londres: Academic Press.

BITTENCOURT, C.M.F. (1993). "Livro didático e conhecimento histórico: Uma história do saber escolar". Tese de doutorado em História. São Paulo: Departamento de História da Faculdade de Filosofia, Letras e Ciências Humanas, USP.

BORGES, A.C. (1882). *Desenho linear ou elementos de geometria pratica popular*. Rio de Janeiro: Typ. Aillaud, Alves & Cia.

BOTO, C. (2005). "O professor primário português como intelectual: 'Eu ensino, logo existo'". *Revista do Programa de Mestrado em Educação e Cultura*, v. 6, n. 1. Florianópolis, jan.-jun., pp. 80-130.

BRASIL (1997). *Parâmetros Curriculares Nacionais: Matemática – Primeiro e segundo ciclos do ensino fundamental*. Brasília: MEC-SEF.

_____ (1998). *Parâmetros Curriculares Nacionais: Matemática – Terceiro e quarto ciclos do ensino fundamental*. Brasília: MEC-SEF.

_____ (2009). *Guia de livros didáticos*. Brasília: MEC-SEB.

BROWDER, F.E. e MAC LANE, S. (1988). "A relevância da matemática". *Cadernos de educação Matemática*. Lisboa: APM, pp. 17-44.

CARVALHO, J.B.P.F. (org.) (2010). *Matemática, ensino fundamental*. Brasília: MEC-SEB. (Explorando o Ensino, v. 17)

CHARTIER, R. (1990). *A história cultural: Entre práticas e representações*. Lisboa: Difel; Rio de Janeiro: Bertrand Brasil S.A.

_____ (1997). *Sciences Humaines*, n. 18. Paris, set.-out.

_____ (2008). *Escuchar a los muertos con los ojos*. Buenos Aires/Madri: Katz.

COLÉGIO BRASILEIRO DE GENEALOGIA (s.d.). [Disponível na internet: http://www.cbg.org.br/arquivos_genealogicos_p_04.html, acesso em 18/2/2011.]

CORRÊA, C.H.A. (2005). "Manuais, paleógrafos e livros de leitura: Com quais materiais se formavam os leitores nas escolas primárias de antigamente?". Seminário Constituição do leitor: Memórias. Campinas: Alle – Grupo de Pesquisa Alfabetização, Leitura e Escrita – Unicamp.

COSTA, M.D. e COSTA, A. (1996). *Geometria gráfica tridimensional*. Recife: Ed. da Universidade Federal de Pernambuco.

COUTEL, C. e KINTZLER, C. (1989). *Condorcet: Écrits sur l'instruction publique*. Paris: Edilig.

DICIONÁRIO DE TRADUTORES LITERÁRIOS NO BRASIL (2006). [Disponível na internet: http://www.dicionariodetradutores.ufsc.br/pt/OdoricoMendes.htm#b, acesso em 18/2/2011.]

DIENES, Z.P.; GAULIN, C. e LUNKENBEIN, D. (1969). "Un programme de mathématique pour le niveau élémentaire (1ére partie)". *Bulletin de l'A.M.Q. Montreal*, outono-inverno.

DIENES, Z.P. e GOLDING, E.W. (1977). *Exploração do espaço e prática da medição*. São Paulo: EPU.

DOSSE, F. (1992). *Histoire du structuralisme. Le champ du signe, 1945-1966*, tomo 1. Paris: La Découverte.

FRANÇA, D.M.A. (2007). "A produção oficial do Movimento da Matemática Moderna para o Ensino Primário do Estado de São Paulo (1960-1980)". Dissertação de mestrado em Educação Matemática. São Paulo: PUC.

FRANCOEUR, L.B. (1839). *Dessin Linéaire et Arpentage: Pour toutes les écoles primaires*. Paris: Chez Louis Colas/Libraire et Chez Bachelier/Libraire. (1ª ed. 1819)

FREIRE, O. (1907). *Primeiras noções de geometria pratica*. Rio de Janeiro: Francisco Alves & Cia.

GUIMARÃES, H.M. (2007). "Por uma matemática nova nas escolas secundárias: Perspectivas e orientações curriculares da matemática moderna". *In*: MATOS, J.M. e VALENTE, W.R. (orgs.). *A matemática moderna nas escolas do Brasil e de Portugal: Primeiros estudos*. São Paulo: Da Vinci/Capes-Grices, pp. 21-45.

JULIA, D. (2001). "A cultura escolar como objeto histórico". *Revista Brasileira de História da Educação*, n. 1. Campinas: SBHE/Autores Associados, jan.-jun.

KATZ, V. (org.) (2007). *The mathematics of Egypt, Mesopotamia, China, India and Islam: A sourcebook*. Princeton: Princeton U. Press.

KELLER, O. (2011). Préhistoire de la géométrie: Le problème des sources. *Conferência do professor Olivier Keller no Irem (Instituto de Pesquisa de Educação Matemática) da ilha Re'union (território francês)*, ago. 2001. [Disponível na internet: http://reunion.iufm.fr/Recherche/irem/IMG/pdf/Keller_prehistoire_geometrie.pdf, acesso em 22/6/2011.]

LESAGE, P. (1999). "A pedagogia nas escolas mútuas do século XIX". *In*: BASTOS, M.H.C. e FARIA FILHO, L.M. *A escola elementar no século XIX. O Método Monitorial/Mútuo*. Passo Fundo: Ediupf.

LIBERMAN, M.P.; BECHARA SANCHEZ, L. e FRANCHI, A. (1975). *Guia do professor: Curso moderno de matemática para o ensino de $1^{\underline{o}}$ grau*, v. 2. São Paulo: Companhia Editora Nacional.

LIMA, E.L. *et al.* (2000). *A matemática do ensino médio*. Rio de Janeiro: Sociedade Brasileira de Matemática.

MACHADO, R.C.G. (2002). "Uma análise dos exames de admissão ao secundário: Subsídios para a história da educação matemática no Brasil". Dissertação de mestrado em Educação Matemática. São Paulo: PUC.

MÉDICOS ILUSTRES DA BAHIA (2011). [Disponível na internet: http://medicosilustresdabahia.blogspot.com/2011/02/218-jose-lino-coutinho.html, acesso em 10/4/2011.]

MILANO, M. (1938). *Manual do ensino primário: $1^{\underline{o}}$ anno*. Rio de Janeiro/São Paulo/Belo Horizonte: Livraria Francisco Alves.

_____ (1942). *Manual do ensino primário: 3º anno*. Rio de Janeiro/São Paulo/Belo Horizonte: Livraria Francisco Alves.

MINISTROS DE ESTADO DA FAZENDA (s.d.). [Disponível na internet: http://www.fazenda.gov.br/portugues/institucional/ministros/dom_pedroI012.asp, acesso em 15/3/2011.]

MOACYR, P. (1936). *A instrução e o Imperio*. 1º v. Brasiliana Eletrônica. [Disponível na internet: http://www.brasiliana.com.br/obras/a-instrucao-e-o-imperio-1-vol/pagina/181/texto, acesso em 20/3/2011.]

MONTEVERDE, E.A. (1879) *Manual encyclopedico para uso das escolas de instucção primaria*. Lisboa: Imprensa Nacional.

NIQUE, C. e LELIÈVRE, C. (1990). *Histoire biographique de l'enseignement en France*. Paris: Retz.

OLIVEIRA, C. de (1969). *Programa da Escola Primária do Estado de São Paulo*. São Paulo: Secretaria da Educação. Departamento de educação. Chefia do Ensino Primário.

PAIS, L.C. (2010). "Traços históricos do ensino da aritmética nas últimas décadas do século XIX: Livros didáticos escritos por José Theodoro de Souza Lobo". *Revista Brasileira de História da Matemática*, v. 10, n. 20, pp. 127-146.

PATRAS, F. (2001). *La pensée mathématique contemporaine*. Paris: PUF.

PFROMM NETO, S. (1974). *O livro na educação*. Rio de Janeiro: Primor/INL.

PIAGET, J. e GARCIA, R. (1987). *Psicogénese e história das ciências*. Lisboa: Dom Quixote.

PIAGET, J. e INHELDER, B. (1993). *A representação do espaço na criança*. Trad: B.M. Albuquerque. Porto Alegre: Artes Médicas.

PROJETO FUNDÃO (s.d.). *Visualizando figuras espaciais*. Rio de Janeiro: Instituto de Matemática-UFRJ.

RAZZINI, M.P.G. (2006). "Produção de livros escolares em São Paulo (1889-1930)". *Anais XIV Jornadas Argentinas de Historia de la Educación*. La

Plata: Universidad Nacional de La Plata/Sociedad Argentina de Historia de la Educación. CD-ROM.

RIBEIRO, J.Q. (1945). "A memória de Martim Francisco sobre a reforma dos estudos da capitania de São Paulo". Separata do *Boletim LIII* n. 5. São Paulo: FFLC-USP.

RODRIGUES, N.B. (2008). "Nos caminhos do Império: A trajetória de Raimundo José da Cunha Mattos". Tese de doutorado em História. Brasília: UnB. [Disponível na internet: http://repositorio.bce.unb.br/bitstream/10482/5134/1/2008_NeumaBRodrigues.pdf, acesso em 2/4/2011.]

ROQUE, T. (2012). *História da matemática: Uma visão crítica, desfazendo lendas e mitos*. Rio de Janeiro: Jorge Zahar.

ROQUE, T. e CARVALHO, J.B.P.F. (2012). *Tópicos de história da matemática*. Rio de Janeiro: Sociedade Brasileira de Matemática.

SILVA, A. et al. (2006). *Desenho técnico moderno*. 4ª ed. Rio de Janeiro: Livros Técnicos e Científicos.

SOUZA, R.F. (2009). *Alicerces da pátria: História da escola primária no estado de São Paulo (1890-1976)*. Campinas: Mercado de Letras.

SOUZA LOBO, J.T.S. (1935). *Primeira Arithmetica para meninos*. Porto Alegre: Livraria do Globo.

SRIRAMAN, B. (org.) (2007). "Editorial: The legacy of Zoltan Paulo Dienes". *The Montana Council of Teachers of Mathematics. Monograph* 2, pp. i-ii.

TANURI, L.M. (1979). *O ensino normal no estado de São Paulo, 1890-1930*. Publicação da Faculdade de Educação. Estudos e Documentos. São Paulo: USP.

TOLOSA, B.M. (1895). "Primeiras lições de desenho". *A Eschola Publica: Ensaio de pedagogia pratica*. São Paulo: Typographia Paulista. [Disponível na internet: http://www.arquivoestado.sp.gov.br/educacao/publicacoes.php, acesso em 30/11/2011.]

TRINCHÃO, G.M.C. (2008). "O desenho como objeto de ensino: História de uma disciplina a partir dos livros didáticos luso-brasileiros oitocentistas".

Tese de doutorado em Educação. Programa de Pós-Graduação em Educação. São Leopoldo: Unisinos.

VALENTE, W.R. (org.) (2001). *Os exames de admissão ao ginásio: 1931-1969*. São Paulo: PUC (Arquivos da Escola Estadual de São Paulo), 3 CDs.

_____ (2010). *A educação matemática na escola de primeiras letras 1850-1960: Um inventário de fontes*. São Paulo: Ghemat/Fapesp, 1 DVD.

VILLELA, L.M.A. (2009). "'Gruema': Uma contribuição para a história da educação matemática no Brasil". Tese de doutorado em Educação Matemática. São Paulo: Uniban.